KB014381

나에게도 자존감이란
무기가 생겼습니다

나에게도 자존감이란
무기가 생겼습니다

초판 1쇄 발행 2019년 9월 10일
초판 6쇄 발행 2020년 11월 19일

지은이 고정욱 **일러스트** 파이(채세희)

펴낸이 이상순 **주간** 서인찬 **편집장** 박윤주 **제작이사** 이상광
기획편집 박월 최은정 이주미 이세원 **디자인** 유영준 이민정
마케팅홍보 신희용 김경민 **경영지원** 고은정

펴낸곳 (주)도서출판 아름다운사람들
주소 (10881) 경기도 파주시 회동길 103
대표전화 (031) 8074-0082 **팩스** (031) 955-1083
이메일 books777@naver.com **홈페이지** www.books114.net

리듬문고는 (주)도서출판 아름다운사람들의 청소년 브랜드입니다.

ISBN 978-89-6513-563-0 43190

이 도서의 국립중앙도서관 출판예정도서목록(CIP)은 서지정보유통지원시스템(http://seoji.nl.go.kr)과
국가자료종합목록구축시스템(http://kolis-net.nl.go.kr)에서 이용하실 수 있습니다. (CIP제어번호 : CIP2019031562)

파본은 구입하신 서점에서 교환해 드립니다.

십대들을 위한 '자존감 UP' 특강

나에게도 자존감이란
무기가 생겼습니다

고정욱

리틀몬스터

차례

자존감에 상처 내는 일을
허락하지 말자 ~~~~~~~~~~

나를 처음 만나는 사람들은 당황한다. 목소리가 크며 자신감이 넘치는 데다 거침이 없기 때문이다. 휠체어에 앉아 있는 일급 장애인이 자신들도 갖고 있기 힘든 당당함을 어떻게 지닌 것일까 의아해한다.

그 비밀은 나의 강한 자존감에 있다. 나는 장애로 인해 걷는 기능을 잃었지만 대신 부모 형제와 친구들의 따뜻한 사랑으로 누구보다 강한 자존감을 얻었다. 또한 어릴 적부터 많은 칭찬과 인정을 받으며 성장했다. 여기에 독서로 인한 선인들의 지혜까지 더해져 강철 멘탈을 가진 셈이다. 그러한 자존감은 나의 장애를 덮을 만큼 강한 것이다.

살아 보니 자존감 낮은 사람이 타인을 존중하기란 힘들다. 그들은 웃자고 말하면 죽자고 덤빈다. 늘 있는 불운을 자신만의 것으로 여기고, 한 번의 실패에 도전의 날개를 접는다. 이렇게 자존감이 낮아서는 주변을 사랑할 수 없다. 당연히 큰일을 해낼 수 없다.

자존감은 누가 주는 것이 아니라 스스로 만드는 것이다. 나의 자존감 역시 내가 가꾸고 키웠다. 끊임없이 노력했고, 어려움을 견디고 이겨냈다. 이 책에는 자존감이 커지는 다섯 가지 생각 습관을 소개했다. '세상에 없는 것 다섯 가지'를 깨달으면 마음 근육이 강해지는 걸 느낄 수 있으리라.

자존감이라는 무기 하나만 있다면 이 험한 세상을 얼마든지 헤쳐나갈 수 있다. 그러니 그 누구도 나의 자존감에 상처 내도록 허락하지 말자. 아무도 나의 자존감을 건드릴 수 없다. 내 삶은 나의 것이니까.

2019년 북한산 기슭에서

고정욱

'불가능'은 없어

: 네가 꿈꾸는 만큼 너를 응원해

우연히 온 기회를
잡을 준비

인생에는 세 번의 기회가 있다고들 말한다. 지나고 나서야 그것이 기회였구나 싶어 후회하는 사람도 있다.

우리 아버지도 내가 볼 때 정말 세 번의 기회가 있었던 것 같다. 첫 번째는 제주도의 가난한 농가에서 태어났다가 6·25 전쟁이 났을 때 참전하면서 육지로 나온 거다. 그것이 첫 번째 기회였다. 두 번째는 아버지가 장교가 되어 월남으로 파병을 갔다 오고, 견문이 넓어지면서 꿈과 비전을 갖게 된 것이다.

마지막 세 번째 기회는 사회에 나와서 멋지게 적응해 기업체에서 간부로 5년간 근무한 거다. 그 덕에 우리 사남매는 부족함 없이 교육을 받을 수 있었다. 매순간 열심히 사셨던 아버지는 지금 노후를 즐기고 계신다.

나 역시도 돌이켜보면 여러 번의 기회가 왔었던 것 같다. 어려서부터 글을 읽고 만화 그리기를 좋아했던 나는 글보다는 그림으로 먼저 인정을 받았다. 중·고등학교 때는 친구들 사이에서 만화를 잘 그리는 아이로 소문이 나기도 했었다.

친구들은 그런 나의 실력을 이미 알고 있었다. 고등학교 때 문예부였던 친구 하나가 교지를 만드는데, 그 안에 들어갈 선생님들의 캐리커처가 필요하다면서 나에게 부탁을 했다. 선생님의 얼굴 사진을 갖다 놓고서 똑같이 그리는 것은 나에겐 일도 아니었다.

선생님들마다의 특징을 잡아서 재미나게 만화처럼 처리했다. 그 결과 교지에 내 그림들이 실리는 기쁨을 맛봤다. 지금은 그 교지가 어디로 갔는지 찾을 수 없지만, 모교에 가면 아마 볼 수 있을 게다.

그렇다 보니 나는 지면에 나의 그림과 글이 실리는 매력을 일찍부터 알게 되었다. 대학에 가서도 비슷한 일이 있었는데, 같은 과 친구 하나가 학교 신문사 기자로 활동했다. 대학신문의 기자였지만 녀석은 눈썰미가 있었는지 내가 그림 그리는 것을 보더니 정말 잘 그린다며 학보사에 안 그래도 만화 기자가 필요한데, 해보지 않겠냐고 제안했다.

나는 직접 그린 그림들을 용감하게 편집장에게 갖다 보여주었고, 그는 꽤 마음에 들었는지 1학년인 나에게 만화를 그릴 기회를 주었다. 그 결과 대학 4년 동안 학교 신문사에서 만화 기자로 활동하며 지면에 글과 이름을 동시에 알리게 되었다. 어쩌면 글도 쓰고 만화도 그리는 환경 덕분에 작가의 꿈을 그 때쯤부터 키울 수 있게 되었는지도 모른다.

이처럼 사람에게는 재주가 있고 없고를 떠나서 기회가 찾아 오게 되어 있다. 그럼 그런 기회를 어떻게 잡을 것인가? 결론 은 간단하다. 진부한 말이지만 준비되어 있는 자만이 기회를 잡을 수 있다.

스코틀랜드의 과학자인 알렉산더 플레밍은 원래 선박회사 에 다니는 사무원이었다. 그러다가 의과대학에 입학했고, 세균 을 연구하는 학자가 되었다.

플레밍은 어느 날 페트리 접시를 늘어놓고 연구를 했다. 페 트리 접시란 실험에 사용하는 둥글고 납작하며 뚜껑이 있는 유리 접시다. 그곳에 세균들을 배양하게 된다. 연구 대상은 포 도상구균으로, 상처를 감염시키는 무서운 균이었다. 이 페트리 접시를 잘 관리하지 않으면 다른 균들로 오염되기 때문에 항 상 조심해야 하는데, 하루는 그곳에 곰팡이가 피고 말았다.

플레밍은 자신의 실수를 속상해하면서 포도상구균을 배양 한 페트리 접시를 버리려 했다. 그런데 놀랍게도 곰팡이가 피어난 곳 옆에 포도상구균들이 분해되어서 없어져 있는 걸 발견했다. 이것은 무엇인가가 세균들을 녹여버렸다는 뜻이었다.

여기에서 아이디어를 얻은 플레밍은 연구를 좀 더 해봐야겠다고 생각했다. 그는 '혹시 푸른곰팡이 안에 사람에게 해를 끼치지 않으면서 균들을 죽이는 성분이 있지 않을까'라고 추론했다. 그래서 푸른곰팡이가 들어 있는 용액을 희석시켜서 100분의 1로 만들어 실험해보았다. 그랬는데도 놀랍게 수없이 많은 세균들이 죽는 거였다.

"이건 석탄산보다 더 나은걸?"

당시에는 석탄산이라는 산을 통해서 살균 소독을 했었는데, 이것은 정상적인 세포도 다 죽이는 부작용이 있었다. 과학자들은 '세균만 골라 죽이는 기적 같은 약품이 없을까?' 하면서 새로운 치료제를 찾고 있었다.

플레밍은 실험실에 있는 생쥐와 토끼에게도 이것을 먹여보았다. 그랬더니 쥐나 토끼는 죽지 않고, 병균들만 죽는 게 아닌가! 석탄산 용액보다도 훨씬 강한 효과를 나타내면서도 독성이 없다는 것은 놀라운 사실이었다. 덕분에 플레밍은 페니실린을 발견할 수 있는 과학적인 기초를 발견했다.

하지만 약으로 만드는 것은 또 다른 문제였다. 푸른곰팡이에 있는 성분을 뽑아내 인체에 무해한 상태로 정제해야 하기 때문이다. 나중에 연구를 통해서 플로리라는 세균학자와 보리스 체인이라는 박사가 이 문제를 해결했다. 그들은 엄청난 탱크를 만들어 푸른곰팡이 성분을 뽑아냈다. 1943년에는 한 달에 50억 단위를 만들었는데, 다음 해에는 무려 3천억 단위로 증가시켰다. 한 달에 50만 명의 환자를 치료할 수 있는 엄청난 양이었다.

이 페니실린이 발견된 뒤로는 치명적인 질병들이었던 매독이나 임질, 염증, 폐렴과 세균 감염으로 인해 사망하는 사람들의 숫자가 대폭 줄어들었다. 부수적으로 종기나 등창뿐만 아니라 화상에도 효과가 있다는 걸 발견하게 되었다.

오늘날 우리는 몸에 병균이 침투하면 항생제를 먹거나 주사를 맞거나 약을 바르는데, 그것이 모두 다 플레밍의 위대한 발견 덕분이다. 이들 플레밍, 플로리, 체인은 그 공로로 1945년엔 노벨상을 받기도 하였다.

여기에서 우리가 느끼는 것은 누구에게나 위대해지고 훌륭해질 수 있는 기회는 온다는 거다. 다만 그 기회는 준비되어 있는 사람에게만 주어지는 선물이다. 플레밍은 이렇게 말했다고 한다.

"행운이 그대에게 올 때만을 기다리지 마라. 지식을 쌓으며 준비하라."

참 멋진 말이다.

살려 쓸
우리말 사전

~~~~~~

"어, 이거는 책으로 내도 되겠는데?"

조교 사무실에서 일하는 김 선배가 내 노트를 보고 감탄하며 말했다. 내 노트란 건 단어장이었다. 단어장이라고 하니 영어나 프랑스어 단어가 적힌 노트를 생각할지 모르겠지만, 우리말 단어가 적힌 노트였다.

대학에 들어와 작가가 되기로 결심한 나는 그때부터 독서를 하다가 모르는 단어가 나오면 모두 따로 정리를 해두었다. 소설 작품 속에 나오는 듣도 보도 못한 우리말들은 참으로 신기하며 소중했다. 노트에 옮겨 적은 뒤 시간이 날 때마다 국어사전을 뒤져 그 뜻을 옆에 기록했다.

몇 년을 그렇게 했는지 모른다. 어느 날 이 소식을 들은 조교 선배가 내 노트를 보고 감탄하며 책을 내도 되겠다고 말한 것이다.

"고 선생, 이 노트 좀 복사해줘. 나도 좀 쓰게."

기꺼이 나는 노트를 복사해주었다. 그 일 이후로 단어장을 책으로 출간해도 좋겠다는 선배의 말이 내 귓가에 오래 남아 있었다.

사전 속에는 정말 숨겨져 있는 우리말들이 많이 있다. 이 말들을 종류별로 분류하면 얼마나 좋을까 생각을 해보았다. 그러나 불가능했다. 너무 많은데 오랜 시간을 투여해서 정리할 수 있는 상황이 안 되었기 때문이다. 언젠간 하리라, 그렇게 목표만 설정해두었다.

몇 년 뒤에 그 어려운 목표가 이루어질 가능성이 보였다. 그건 바로 나의 모교인 성균관대학교 국문과 학생들을 가르치게 되었을 때다. 학생들에게 강의를 하면서 나는 그 단어장 이야기를 하였다. 불가능하지만 꼭 도전해보고 싶은 과제가 있다면서, "우리말 사전을 만들고 싶다"는 꿈을 말하자 학생들이 도와주겠다고 나섰다.

"선생님, 저희가 돕겠습니다. 어떻게 하면 되겠습니까?"

그 말을 듣는 순간 나는 저 멀리서 서광이 비치는 것 같았다.

그 영광스런 마음은 지금도 또렷하게 기억난다.

"정말요? 그러면 다음 시간부터 우리 한번 같이 작업해봅시다."

다음 날 나는 국어사전 한 권을 새로 샀다. 내 강의를 듣는 학생들 약 100여 명에게 사전을 쪼개서 100분의 1씩 나누어 주었다. 두꺼운 사전이었지만 나누어 가지게 되니 각자 차지한 분량은 그리 많지 않았다.

"자 여러분, 이 사전 속에서 순우리말로 된 것만 형광펜으로 그어 주세요."

학생들이 달라붙어 작업하니까 1시간 만에 사전 속에 숨겨진 우리말들이 추출되었다.

"사전에서 형광펜으로 그은 우리말을 노트에 옮겨 적어 주세요."

그것도 금방 끝났다. 학생들은 정성껏 노트에 우리말을 옮겨 적어 주었다. 그것이 《살려 쓸 우리말 사전》의 초고가 되었다. 불가능하게만 보였던 일이 실현 가능해졌다. 그건 꿈을 오래도록 가슴속에 품고 잊어버리지 않았기 때문이다. 그리고 협력과 노력에 의해서 결실이 눈앞에 점점 다가왔다.

물론 그 다음 작업도 쉽지는 않았다. 집에 와서 수백 장의 노트에 적힌 단어를 일일이 나는 가위로 잘랐다. 요즘과 같이 컴퓨터에 입력되어 있거나 데이터베이스가 준비되어 있었다면

쉬웠을 일이 그때만 해도 온통 아날로그 수작업이 필요한 일이었다.

그러나 나는 목표가 있었다.

'글 쓰는 이들이나 작가들에게 도움이 될 만한 사전을 꼭 만들고야 말리라.'

다음 작업으로, 산더미처럼 잘라놓은 단어 하나하나의 쪽지들을 분류하는 일은 꼬박 1년이 넘게 걸렸다. 하지만 포기하지 않았다. 매일 조금씩 분류해 놓는 일이 오래도록 반복되었다. 거실과 집 안은 온통 종잇조각투성이였다. 한두 개는 나의 어린 아들이 기어 다니다가 입에 넣었을지도 모른다.

결국 어렵게 분류를 마치니, 이 책을 출간하기로 한 출판사에서는 기뻐하면서 또 어려운 주문을 하는 것이었다.

"선생님이 이 단어들에 예문을 달아주세요."

벼락이 치는 것 같았다. 수천, 수만 개의 단어를 골라냈는데 거기에 예문을 달라니…….

하지만 여기까지 왔는데 포기할 순 없었다.

"알겠습니다."

또다시 1년의 시간이 걸렸다. 그 무렵 컴퓨터가 보급되기 시작했다. 나는 아르바이트생에게 그 단어들을 다 입력해달라고 부탁한 뒤 작업을 이어 나갔다. 이는 모두 불가능해 보이는 일을 가능케 하고 싶은 나의 열망 때문이었다. 최종적으로 입력

된 파일을 보고 있으려니 눈물이 났다. 여기까지 오느라고 얼마나 오랫동안 많은 수고를 했던가.

마지막 남은 작업은 예문을 달아 넣는 것이었다. 줄이고 줄여서 최종으로 선택된 단어가 4천500개 정도 되었다. 4천500개의 예문을 각각 만들려면 하루에 100개씩을 작업해도 45일이 걸리는 일이었다. 그러기엔 하루에 해야 할 일의 분량이 너무 과했다. 나는 하루에 20개씩만 예문을 만들기로 계획하였다. 시간 날 때마다 파일을 불러내어 예문을 만들고, 다시 저장하고…… 그 작업을 반복했다.

1년 뒤, 나는 마침내 원고를 완성하게 되었으니 그 책의 이름은《살려 쓸 우리말 4500》. 책이 나오자 수많은 기자들과 작가들이 열광했다. 지금도 기자였거나 글 쓰는 일을 했던 사람을 만나면 젊어서 내가 만든 책을 아직도 소중히 간직하고 있다는 말을 종종 듣는다. 놀랍게도 이 책을 낸 것이 내 나이 불과 서른두 살 때다.

젊음은 불가능을 가능케 한다. 지금 나에게 다시 그 일을 하라면 해낼 수 있을까 생각해보곤 한다. 그땐 젊음이라는 많은 시간과 뜨거운 열정이 있었기 때문에 가능했던 것 같다. 시간과 노력과 열정이야말로 불가능을 가능케 하는 듯하다.

느린 것은
나쁜 건가?

~~~~~~

요즘은 참 바쁜 시절이다. 대한민국의 '일' 문화는 뭐든지 '빨리빨리' 하라고 자신과 주변을 재촉한다. 그래서인지 우리나라 사람들은 정말 모든 일을 빠르게 잘 처리하는 것 같다. 그 덕에 이렇게 우리 사회가 이 정도만치 발전하고, 사람들이 경쟁력을 갖췄는지도 모른다.

하지만 모든 사람들이 다 빠른 것은 아니다. 느리고 천천히 신중하게 일하는 사람도 있다. 아무리 빨리 하려고 애써도 마음먹은 대로 되지 않는 사람도 있는 거다. 사람마다 개성이 있고 성향이 다르기 때문이다.

그렇지만 요즘같이 바쁜 시대에는 모든 일을 빨리 처리하고 한꺼번에 두세 가지 일을 처리하는 사람을 '경쟁력이 있다'고 칭찬하며, 그들에게 많은 이익이 돌아간다. 그러다 보니 행동이 남보다 조금 느리거나 결정에 있어 신중한 사람들은 '굼뜨다'는 평가를 받게 되고, 어떤 경우엔 경쟁에서 뒤처진 사람으로 여겨지기도 한다.

청소년들에게도 이런 일들이 간혹 있는 것 같다. 행동이 조금 느리고 신중할 뿐인데 빨리빨리 처리하지 못한다고 주변으로부터 많은 상처를 입는 것을 보게 된다. 물론 매사에 빠르게 공부도 하고, 학원도 가고, 맡은 일도 잘 처리하면 좋겠지만, 느리다고 해서 무시당할 이유는 없다.

단지 느릴 뿐인데, 하도 혼나거나 안 좋은 평가를 받다 보니 점점 무기력해지고 포기하게 되는 거다. 언젠가는 할 수 있다고 믿고 기다려주면 될 일이다. 얼마나 행동이 빠르냐, 느리냐는 중요하지 않다. 지금도 무언가를 꾸준히 하고 있느냐, 그것이 중요하다.

재미있는 전설이 하나 있다. 옛날에 중국에 우공이라는 아흔 살 가까운 노인이 살고 있었다. 그의 집 남쪽으로는 커다란 산이 있었는데, 그렇다 보니 어쩌다 외부로 나갈 일이 생기면 그 산을 반드시 돌아서 가야만 했다. 너무나 귀찮고 힘든 일이었다. 산만 없으면 직선거리로 쉽고 빠르게 움직일 수 있었기 때문이다.

우공은 그래서 자녀들을 모아놓고 이야기했다.

"애들아, 매번 하루 이틀도 아니고 마을에 한번 가려면 이 산을 돌아가야 하니 정말 너무 귀찮구나. 우리 함께 저 산을 옮겨보는 게 어떻겠느냐? 그러면 곧장 가는 길이 생기니 정말 좋을 듯하다."

그의 말에 아들과 딸들이 모두 찬성했다. 하지만 매사에 현실적으로 생각하는 아내는 고개를 갸우뚱하면서 물었다.

"당신의 힘으로는 언덕 하나도 무너뜨리지 못할 텐데 어떻게 산을 옮기려고 하세요? 옮긴다 해도 그 흙과 돌들은 또 어디다가 버릴 거예요?"

그러자 우공이 말했다.

"발해의 끝에 버리면 되지."

우공은 아내가 아무리 말리고 무시해도 아들과 손자들을 데리고 일을 시작했다. 돌을 마구 깨고 흙을 파서 삼태기에 담아 발해의 끝으로 옮겼다.

그 모습을 보고 옆집 사는 과부의 아들도 돕겠다고 나섰다. 우공이 사는 동네에서 발해의 끝까지 가려면 워낙 멀어서 한번 갔다 오면 반년이 지나버렸다. 그러니 일 년에 고작 두 번정도만 흙을 버리고 올 수 있었다.

그들의 모습을 보고 지수라는 사람이 웃으면서 말했다.

"정말 어리석은 짓을 하는구먼. 얼마 살지도 못할 텐데, 그 몸을 가지고는 산모퉁이 하나도 못 무너뜨릴 걸세."

그러자 우공이 대답했다.

"자네야말로 정말 바보로군."

"아니, 무슨 소린가? 내가 바보라니?"

"자네는 내 일을 도와주는 이웃집 아이만도 못한 사람이야."

"아이만도 못하다고?"

"내가 죽으면 나에겐 아들들이 있지 않나?"

"그렇지."

"이 아들들이 또 손자를 낳을 거고, 손자들은 또 손자를 나을 것 아닌가? 자손은 끊임없이 이어진다네. 그렇지만 산은 어떤 가? 산은 자라는 게 아닐세. 파내고 또 파내고, 끈질기게 오래 파내면 산을 왜 못 옮긴단 말인가?"

이 말을 들은 지수는 할 말을 잃었다. 논리적으로 맞는 말이 었던 것이다. 물론 시간이 오래 걸리고, 느리고 또 느린 일이지 만 분명히 가능한 것이었다.

이들의 대화를 들은 산신은 자기 산이 없어질까 봐 두려운 마음에 옥황상제에게 이 일을 알렸다. 옥황상제는 그 말을 듣고 깜짝 놀라서 거인의 아들들을 시켜 산을 아예 다른 곳으로 옮겨 버렸다. 그래서 이후로 그 일대에는 조그마한 언덕도 하나 없게 되었다고 한다.

물론 이 이야기는 전해져 내려오는 어쩌면 만들어냈을지도 모를 이야기다. 하지만 여기에는 느리지만 꾸준한 사람들의 뛰어남이 드러나고, 꼭 빨리 무슨 일을 처리해야만 그것이 아름다운 건 아니라는 교훈이 들어 있다.

　인간의 능력엔 한계가 있고, 품성과 개성이 각자 다르기 때문에 느리면 느린 대로, 빠르면 빠른 대로 이 세상을 조화롭게 살아갈 수 있다. 나의 행동이 굼뜨고 뭐든 한 번에 잘 해내지 못한다고 해서 좌절하거나, 스스로를 열등하다고 내몰 필요가 없다. 행동이 빨라도 조금 하다가 지치는 것보다는, 느리더라도 조금씩이라도 오래 끈질기게 하는 사람이 결국엔 이기게끔 되어 있다. 어리석은 사람이 산을 옮긴다는 '우공이산(愚公移山)'이라는 고사성어는 그래서 생긴 것이다.

환상적인 미모의
그녀를 만나다

탤런트 임은경 양을 처음 만난 건 늦가을 어느 날이었다. 압구
정동의 한 카페에서 직접 대면하니 광고나 드라마에서 보던
것보다 더 곱고 맑은 소녀였다. 금방이라도 쏟아질 것만 같은
큰 눈과 맑고 투명한 피부를 가진 첫인상은 정말 환상적이었
다. 인형이 살아 움직이면 저런 모습이려나 싶었다.

"선생님의 책 읽고 감동받고, 부끄러웠어요."

그녀는 만나기 전에 미리 보내주었던 내 책들을 읽고 왔다.
책 내용 때문이 아니라 어쩌면 휠체어에 앉아 있는 내 모습을
보고 지레 주눅이 들었는지도 모른다. 그날부터 그녀와 나의
대화는 시작되었다. 그것은 가슴속 깊이 묻어둔 아픈 기억을

들추려는 나와 매사에 조심스러운 그녀의 가벼운 힘겨루기이
기도 했다.

나는 동화를 쓸 때 거의 모든 작품에 장애인을 등장시킨다.
주제도 장애인을 위한 내용을 많이 담는다. 이처럼 장애와 관련
된 글을 쓰게 된 건 내가 장애인인 이유도 있지만, 무엇보다 이
세상을 장애로부터 자유로운 곳으로 만들고 싶다는 바람에서
끊임없이 싸우고 도전해왔던 내 삶의 작은 결론이기도 하다.

그런 나이기에 임은경 양의 부모님이 모두 청각장애인이라
는 사실을 알고 난 이후로 기회가 된다면 꼭 만나서 이야기에
담고 싶었다. 그처럼 곱고 아름다운 소녀의 가슴에 맺혀 있을
멍울을 세상에 드러냄으로써 사람들에게 작은 떨림을 선사하
겠다는 의도가 있었다. 그것이 이 세상을 조금이라도 나은 곳
으로 만드는 지름길이라 여겼기 때문이다.

청각장애인을 부모로 둔 자녀들은 자칫하면 말을 배우지 못
한다. 엄마에게서 계속 말을 듣고 따라하면서 배우는 게 언어
인데, 그게 불가능한 환경 때문이다. 그러니 말을 야무지게 잘
하는 그녀가 어떻게 그럴 수 있는지가 가장 먼저 궁금했다.

"부모님이 장애인이신데 말은 어떻게 배웠어요?"

"할아버지가 함께 살았어요. 그래서 말을 배울 수 있었죠."

그녀의 어머니는 후천적 장애인이었다. 어릴 적에 열병을 앓
고 나서부터 소리를 듣지 못하게 된 거였다. 아버지는 유전적

인 요인이었는지 할머니도 소리를 듣지 못했고, 삼촌도 마찬가지였다고 한다. 그러니 한 집안에 장애인이 여럿인 셈이었다.

"저는 가족들과 대화가 잘 되지 않아서 다른 사람들에게 기대려고 했던 것 같아요."

그 말을 듣는 나의 가슴은 미어졌다. 온 세상 사람들이 다 나를 괴롭히고 손가락질하며 죽일 놈이라고 해도 끝까지 나를 지켜주는 것이 가족 아닌가.

"저는 가족들과 있어도 외로웠어요."

그녀는 듣지 못하고 말하지 못하는 부모 때문에 가족 안에서도 외로웠던 것이다. 이러한 그녀의 아픔은 내 작품에서 이렇게 표현되었다.

은경이는 엄마가 그 말을 듣고 달려나가 그 집 엄마에게 대신 따져주길 바랐다. 하지만 엄마는 펑펑 우는 은경이를 조용히 끌어안았다. 등을 부드럽게 쓰다듬어주는 건 그저 참으라는 뜻이다.

"엄마는 왜 말을 못하는 거야? 왜? 왜?"

은경이는 더더욱 속이 미어지는 것 같았다. 밖에서 이렇게 억울한 일을 당해도 은경이의 엄마와 아빠는 아무런 도움이 되지 않기 때문이다. 이 세상에 은경이 혼자만 남겨진 것 같았다.

"은경 양은 목표가 있어요?"

"목표요? 그냥 아버지와 어머니를 편안하게 해드리고 싶어
요. 고생을 많이 하셨으니까요. 그런데 불가능해 보이는 소망
이었어요. 우리 집은 너무 가난했으니까요."

무남독녀 외딸인 그녀의 소원은 무척 소박한 것이었다. 하지
만 우리 사회의 여건에 비추어보면 그것마저도 쉬운 일이 아
니다. 장애라는 문제는 본인만이 아니라 장애인을 가족 구성원
으로 두거나 또는 공동체 일원으로 받아들인다는 것 자체만으
로도 다른 비장애인에게까지 그 고통이 연결되고, 부담으로 다
가오기 마련이다. 장애는 바로 이런 것이다. 보통 사람에겐 지
극히 평범하고 정상적인 바람이 불가능해 보이는…….

"선생님을 뵈니까 정말 부끄러워요. 저는 장애인에 대해 별
로 생각해본 적이 없었어요."

하지만 나는 안다. 그녀가 기회 닿는 대로 장애인 단체의 홍
보대사 역할도 하고, 틈틈이 장애인을 위해 노력하고 있었다는
것을. 그건 아마 장애인 부모와 함께 살면서 겪은 작은 깨달음
이 만들어낸 행동일 수도 있다.

"저는 장애인을 보는 이 세상의 차별과 편견이 너무 싫었어
요. 특히 삼촌이 공사장에서 사고로 돌아가시고 난 뒤부턴 더
그랬어요."

그녀의 삼촌과 아버지는 건설 현장에서 일하는 목수였다. 험한 일을 하다 보니 항상 위험에 노출되어 있었는데, 결국 사고로 인해 삼촌은 불귀의 객이 되고 말았던 거다. 임은경 양이 중학생이었을 때다.

그녀의 삼촌은 은경 양에게 어려서부터 탤런트를 해보라고 말해주었던 유일한 사람이다. '불가능'한 현실에서 '가능'을 말해준 사람이다. 가뜩이나 외로운 소녀에게 사랑하는 삼촌의 죽음은 더더욱 그녀를 외돌토리로 만드는 계기였던 것 같다. 그녀는 성장 기간 내내 기가 죽어 있었다고 한다. 자신은 아무런 미래도 없고, 소심하고, 뭘 해도 잘될 것 같지 않은 마음.

사람은 기(氣)로 사는 거다. 기가 질리면 할 수 있는 일도 못하는 법이고, 기가 살면 안 되는 일도 되는 수가 있다. 그녀는 가난한 집안과 장애인 부모, 그리고 연이어 찾아온 불행으로 인해 우울한 청소년기를 보내야만 했다. 왜 자신만 이렇게 어려운 처지에 머물러야 하는지, 왜 하필 수많은 부모 가운데 장애인에게서 태어나야만 했나 싶었다고 한다. 어린 친구에겐 녹록지 않은 삶이었던 거다.

하지만 세상일이란 게 항상 불운한 쪽으로 흘러가지는 않는 법인가보다. 정말 우연처럼 기회는 찾아왔다. 그리고 그녀는 그걸 놓치지 않았다. 만약 그녀의 삶이 우울하게만 이어졌다면 우리에게 '영화배우 임은경'은 없었을 것이다. 중학생이던 그녀가 어느 겨울에 배우 이병헌의 사인회에 가지 않았더라면 말이다.

친구와 함께 사인을 받기 위해 줄을 서 있었는데 매니지먼트 회사의 직원이 그녀의 빼어난 용모를 보고선 다가와 명함을 건네며 연예인 일에 관심 있으면 찾아오라고 했던 것이다.

"그날 명함을 받아 집에 돌아오면서 저는 뭔가 제 인생이 달라질 거라는 걸 알았어요. 생전 처음으로 있었던 좋은 일이었고, 저와 아무 상관없을 거라고 여겼던 가능성을 발견한 거였어요."

그 다음에 벌어진 일들은 실로 놀라운 사건들이었다. 모 핸드폰 통신사 광고에 나타난 신비스러운 소녀. 남자인지 여자인지 알 수 없는 외모에 무얼 광고하는지도 모를 묘한 분위기를 풍기는…… 사람들은 그 광고와 소녀에게 열광했고, 그녀가 전속 계약으로 어마어마한 금액을 받았다는 사실이 밝혀지자 다시금 화제가 되었다. 그야말로 신데렐라의 탄생이었고, 전형적인 동화의 해피엔딩이었다.

덕분에 소박한 꿈을 꾸었던 소녀는 연립주택 반지하방에서 온 가족을 끌어내 번듯한 아파트로 이사를 하게 되었다. 그리고 소원대로 가족들을 편하게 만들었다. 꿈이 있다면, 그리고 실력이 있다면 세상에는 불가능한 일이란 없다.

실수는
누구나 한다

～～～～～～～～～～～～

많은 사람이 살아가며 실수를 한다. 돈을 잃어버리기도 하고, 친구와 다투기도 하고, 의도치 않게 누군가의 비밀을 폭로하기도 하며, 그릇이나 물건을 깨기도 한다. 이 모든 것을 '실수'라고 뭉뚱그려 부른다.

청소년기에는 꿈이 확립되지 않고 가치관이 덜 형성되어서 실수할 확률이 그만큼 크다. 그렇다 보니 미숙하고 어리석은 언행을 하는 것이 청소년기에는 상당 부분 허용된다. 어쩌면 그것이 청소년기의 특권이라고 말할 수도 있겠지만, 그래도 실수는 누구에게나 뼈아픈 경험이다.

나도 인생에 있어서 몇 가지 큰 실수를 했다. 청소년기에 저질렀던 가장 큰 실수는 진로를 잘못 선택한 거였다. 낭만적인 생각으로 의사가 되어 장애인들을 돌봐주고 그들의 희망이 되겠다고 결심했었다.

요즘도 그런지 모르겠지만, 내가 고등학교에 다닐 땐 2학년에 올라갈 때 이과인지 문과인지를 결정해야 했다. 나는 의사가 되겠다는 신념으로 이과를 선택했다. 고등학교 3학년까지 정말 열심히 노력했다. '고3병'에 걸려 늘 소화제를 달고 살았었다.

그런데 대학 입학 원서 접수를 하려고 여러 정보를 알아보다가 하늘이 무너지는 소식을 듣게 되었다. 알고 보니 장애인은 의대 입학이 허락되질 않는 거였다. 지금은 어떤지 모르겠지만 당시엔 그랬다. 나로서는 이과 선택이 일생일대 큰 실수였다. 이것은 나 개인의 실수일 수도 있지만, 우리 집안의 실수이기도 하다. 철모르는 나에게 의사라는 꿈을 어릴 적부터 심어준 부모님들은 입시 정보에 대해서 잘 알아보지도 않고 그렇게 될 수 있을 거로 판단했던 것이다.

결국 나는 의대 진학이 좌절되었다. 게다가 의대 말고 인근 학과인 공대나 자연계 학과에도 진학할 수가 없었다. 이유는 실험실습을 할 수 없다는 거였다. 하긴, 불편한 몸으로 실험실습을 하는 게 결코 쉽지 않을 거다. 나의 선택은 매우 큰 실수였다.

문과로 급히 방향을 전환했다. 문과에 대해서는 한 번도 생각해본 적이 없었기 때문에 무슨 과를 가야 할지, 그리고 어떤 과를 가야 어떠한 길로 나아갈 수 있는지 등등의 정보가 나에겐 하나도 없었다. 할 수 없이 지원하는 학과를 공란으로 비워둔 채 입시 서류를 만들고 아버지가 대신 원서를 접수했다.

아버지는 마감 날 저녁 8시가 되어서야 집으로 돌아왔다. 무슨 과를 지원했느냐는 나의 물음에 아버지는 환한 얼굴로 국문과를 지원했다고 대답했다. 왜 하필이면 국문과냐고 아버지에게 원망 섞인 말을 했다. 그러자 돌아온 아버지의 대답은 너무 단순했다.

"제일 경쟁률이 약하더구나."

지금 생각하면 정말 어이가 없지만, 아무튼 그렇게 나는 시험을 봤고, 합격했다. 그 결과 국어국문학을 공부하고 오늘날엔 작가까지 되었다.

어찌 보면 운명이라는 물살이 나를 이 길로 몰아온 것인지도 모른다. 애초부터 작가가 될 운명이었는지도 알 수 없다. 아무튼 실수는 컸지만 결과가 좋아서 나는 작가가 되었고, 현재 하고 있는 일에 만족하며 살고 있다.

청소년기는 이처럼 부족한 정보 때문에, 또는 꿈과 희망이 당장엔 없어서 실수를 할 수 있다. 그리고 그 한 번의 실수가 평생의 인생을 좌우하는 것처럼 여겨질 수도 있다. 하지만 얼마든지 나중에 복구할 수 있다는 걸 알았으면 좋겠다. 실수로 나머지 인생을 포기하고 망칠 수는 없지 않은가!

나는 미국의 오바마 대통령이 참 대단한 사람이라고 생각한다. 케냐인 흑인 아버지와 미국인 백인 어머니 사이에서 태어난 버락 오바마는 청소년기에 방황을 많이 했다. 예전엔 미국 사회에서 흑인 청소년들은 신분의 벽에 부닥쳐서 운동이나 예능을 제외하고는 그리 성공할 만한 길이 없었다.

게다가 미국의 흑인 중엔 많은 가정이 가난하기까지 하다. 아이들은 대개 고등학교를 졸업해서 빨리 일자리를 구해 돈을 벌어야 한다. 그러다 보니 공부를 열심히 해야 한다는 생각이 없는 게 일반이다. 담배를 피우거나 술을 마시기도 하고, 쓸데없이 떼거리로 모여 다니면서 시간을 낭비한다. 그런 거라도 하면 잠시나마 머리 아픈 현실을 잊을 수 있기 때문이다.

오바마도 마찬가지였다. 아버지는 없고, 할아버지와 할머니랑 함께 살면서 온통 친구들과 어울리다 보니 술과 마약을 할 수밖에 없었던 거다. 이것은 큰 실수이고, 죄를 범한 것이 맞다. 그는 상습적으로 마리화나를 복용하고 마약중독자가 되는 길로 가고 있었다. 마음 깊이 아버지를 원망하고 자신의 처지를 비관했던 거다.

그러다 어느 날 그는 놀라운 사실을 알게 된다. 자신의 아버지가 케냐를 대표하는 수재였고, 미국에 와서도 결코 기죽지 않으면서 자기 삶을 이끌어간 훌륭한 사람이라는 사실을 말이다. 폐인이 되어가는 오바마에게 백인 어머니는 실망스럽다고 말했다. 이때 비로소 오바마는 자기 자신을 아껴야 한다는 깨달음을 얻게 된다.

실수는 누구나 할 수 있다. 하지만 그 실수가 자신의 삶을 망치게 내버려둬서는 안 된다. 실수를 바로잡아 꼭 성공하라는 이야기가 아니다. 실수를 받아들이고 계속해서 자기 자신을 고쳐가지 않으면, 그게 진짜 큰 실수다.

오바마는 그동안의 실수를 바로잡기 위해 술과 마약을 멀리하였고, 무엇이든지 할 수 있다는 자신감으로 자신을 다시 무장시켰다.

물론 실수를 바로잡더라도 두고두고 흔적은 남는 법이다. 오바마가 미국 대선에 출마했을 때 기자들은 그의 과거를 집요하게 파고들었다. 그는 변명하거나 혹은 거짓말하지 않고, 자신의 실수를 솔직하게 인정했다. 또한 어릴 적 그러한 실수 덕분에 더 큰 세상을 향해 나아갈 수 있었다고 당당하게 말했다.

이러한 오바마의 모습에 미국 국민들은 열광했다. 대통령 후보자도 실수할 수 있는 인간임을, 또한 치명적인 실수를 반복하지 않고 바로잡음으로써 위대한 인물이 된 그를 모두가 인정해준 것이다. 결국 오바마는 대통령이 되었다.

누구나 실수할 수 있다. 이때가 어쩌면 자기 자신을 더욱 크고 위대하게 만들 수 있는 좋은 기회이기도 하다. 한두 번의 실수로 의기소침하거나, 좌절하거나, 자신의 인생이 끝났다고 생각할 필요가 전혀 없다. 인생은 실수 몇 번으로 망칠 만큼 작거나 소소한 것이 아니기 때문이다.

예술은
행복이다

~~~~~~~~~~~~~~~~~~~~~~~~~~~~~~~~~~~~

"고 선생, 오늘은 영화나 한 편 봅시다."

　가까운 곳에 사는 강만수 시인이 나를 불러냈다. 집에 틀어박혀서 원고를 쓰던 나는 그 말에 갑자기 행복해진다. 모처럼 밖에 나갈 수 있고, 재미있는 영화를 보게 되었으니 말이다. 부리나케 준비해서 집을 나서는데 저절로 휘파람이 나온다.

　집에서 쉬고 있는 친구에게 행복을 주려면 어떻게 하면 될까? 다양한 방법이 있을 것이다. 선물을 들고 찾아가거나, 즐거운 일을 꾸며서 불러내거나, 전화 통화로 재미난 이야기를 해줄 수도 있다.

　하지만 친구에게 영화를 함께 보러 가자고 말해보면 어떨까? 영화를 공짜로 보여주겠다는데 싫다면서 인상을 쓸 사람은 거의 없다. 할머니, 할아버지, 아버지, 어머니, 친구, 동생, 어린아이마저도 영화를 보러 가자고 하면 정말 좋아한다.

왜 그럴까? 그건 바로 영화로 대표되는 '예술'이 우리에게 기쁨을 주기 때문이다. 전시회를 보러 가자거나, 음악회에 가자거나, 연극을 보러 가자는 제안은 그 어떤 것보다 큰 행복감을 안겨준다.

물론 무언가를 함께하자는 제안이 언제나 즐거운 건 아니다. 힘든 일을 하자든가, 위험한 일을 도와달라고 하면 핑계를 대면서 슬슬 피하는 게 사람들의 습성이다. 그런 일은 우리를 행복하게 해주지 않기 때문이다. 돈을 아무리 많이 줘도 싫은 일은 싫은 일이다.

그런데 돈을 쓰며 시간도 내야 하는 번거로운 영화 보기는 왜 즐거운 걸까? 예술을 즐기는 행위야말로 우리 인간의 본능이기 때문이다. 어머니가 영화를 보러 간다고 10년 만에 하는 외출이라며 기뻐하면서 화장을 곱게 하던 기억이 난다. 예술은 이렇게 우리로 하여금 살아 있음을 확인하게 해준다. 그 순간 인간을 인간답게 만드는 것이다.

하지만 안타깝게도 그동안 이렇게나 행복감을 선물해주는 예술이 장애인들을 소외시키고 있었다. 장애인이 영화를 보러 가고 연극을 보러 가게 된 것은 불과 얼마 전부터의 일이다.

사실, 영화관이나 예술회관 중에 많은 곳들이 여전히 장애인들에겐 접근하기 어려운 장소인 경우가 많다. 장애인도 활용할 수 있도록 편의시설을 설치해달라고 요청하면, 어쩌다 한번 오는데 그것을 위해 시설을 만들려면 비용이 많이 들어간다는 식의 몰상식한 이야기를 하는 사람도 있다.

그건 틀린 생각이다. 장애인 편의시설을 잘 갖춰놓은 예술 공간이야말로 사람들에게 행복을 주는 곳이다. 장애인에게 돈이나 먹을 것을 주는 것보다 예술을 감상하고 즐길 수 있게 해주는 것, 그것이 진정한 자아 성취의 행복감을 주는 방법이다. 장애인이 살아 있음을 느끼게 하고, 삶의 행복을 맛보게 해주는 예술의 세례가 정말 꼭 필요하다.

하지만 아직도 장애인에게 예술이 '사치'라고 생각하는 사람이 있다. 비장애인들도 제대로 예술을 즐기지 못하는데 장애인이 무슨 예술을 즐기냐고 비아냥거리기도 한다. 그렇지만 기회가 많은데 하지 않는 것과, 하고 싶어도 못하는 것은 상당히 다르다. 장애인들은 간절하게 예술을 즐기고, 예술에 참여하며, 예술 생산자가 되고 싶어 한다. 때론 그들의 감수성이 오히려 비장애인들의 그것보다 더 간절하고 큰 감동을 주는 경우도 있다.

나는 대학에 들어가면서부터 글을 쓰기 시작했다. 소설가가 되겠다고 했더니 주변에서 핀잔을 주었다. 장애를 가지고 있는 네가 경험이 부족할 터인데 무슨 글을 쓰냐는 것이다.

얼핏 생각하면 맞는 말 같다. 하지만 이 땅에서 장애인으로 살아내는 것보다 더 강렬한 경험이 어디 있을까! 장애인이 순간순간 경험하는 몸과 마음의 고통보다 더한 아픔이 어디 있을까!

나는 굴하지 않고 글을 썼다. 장애의 고통과 아픔을 글로 승화시키겠다고 간절히 열망했다. 그 결과 베스트셀러를 만들어냈고, 지금도 여전히 조금은 나은 세상을 만들어가려고 애쓰는 중이다. 내 글을 읽고 비장애인들이 감동을 받고, 조금은 장애인을 달리 보게 되었다. 이것 역시 정말 보람이 아닐 수 없다.

물론 장애인들에게도 문제가 있다. 예술은 나와 거리가 먼 것이라면서 쉽게 외면하기도 한다. 그저 먹고사는 것에 급급해서 그런 것이다. 하지만 인간이란 존재가 먹고사는 것만 해결되면 행복해질까? 진정한 행복은 예술을 감상하고 즐기며, 더 나아가 예술 활동을 하는 데에서 온다.

사람은 누구나 장애인이 될 수 있다. 나이가 들면 건강하던 사람도 보청기나 휠체어의 신세를 지게 된다. 그 때문에 이 사회는 장애인을 비장애인과 구분해 생각하지 않아야 하고, 또한 무엇보다 그들을 예술로 이끄는 노력을 계속해야 한다. 예술이란 인간에게 행복감을 경험하게 해주는 매우 매력적인 도구다.

또한 장애인에 대한 인식을 바꾸는 지름길이기도 하다. 비장애인들에게 예술로 접근하면 장애인 인식 개선 교육은 자동으로 이뤄진다. 이것이 문화예술의 힘이다.

장애인이 누리기에 편리한 예술 활동이 바로 모든 사람이 누리기에 편리한 예술 활동이다. 행복은 먼 곳에 있지 않다. 어렵거나 돈이 많이 드는 것도 아니다. 좋은 영화 한 편 보고, 좋은 음악 한 곡 듣는 단순한 것에서 행복을 경험할 수 있다.

강만수 시인과 나는 영화 한 편을 즐겁게 보았다. 어디 그뿐인가? 영화를 보러 가는 길에 이것저것 길거리 구경도 하였고, 밥도 사 먹고, 차도 한잔 마셨다. 그야말로 영화 한 편이 나에게 '즐거운 하루'를 선사한 거다. 살맛이 나게 해주었다. 그래서 예술은 곧 행복이다.

마음은 정상을, 눈은 발밑을

몸무게가 100킬로그램이 넘었던 아들은 등산을 하면서 살을 많이 뺐다. 어디 그뿐인가. 이제는 운동을 즐기면서 일명 '몸짱'이 되었다. 한라산도 성판악 코스로 5~6시간 만에 올라갔다 내려오는 놀라운 체력을 가지게 되었다.

올 봄, 한라산을 등반하고 내려온 아들에게 물었다.

"남들은 조금만 가도 지친다는 한라산을 어떻게 그렇게 빨리 올라갔다 왔니?"

"아버지, 한라산 정상은 등산할 때는 보이지 않고요. 한 발한 발 올라가다 보면 어느새 정상이에요."

이야, 명언이었다.

20여 년 전 나의 생애주기 표를 만들었던 기억이 떠올랐다. 그때 나는 나의 나이와 자녀들의 나이를 해마다 볼 수 있게 도표로 만들었다. 한 해 한 해 지날 때 아이들은 몇 살이며 어느 학교에 다녀야 되는지를 도표로 그려보니 20년 동안 어마어마하게 많은 돈을 벌어야만 했다. 아이들 셋을 다 공부시키고 취직시키고 결혼을 시킨다고 생각하니 삼십 대 초반이었던 나로서는 불가능한 일로만 여겨졌었다.

'아, 어쩌면 좋지? 왜 나는 애를 셋이나 낳아서 이 감당할 수 없는 일을 하려는 걸까?'

그 표를 벽에 걸어놓으니 자다가도 벌떡 일어날 정도로 긴장되었다. 숨이 턱턱 막혔다. 자녀들을 길러야 하고 삶을 꾸려나가야 한다는 압박감이 너무 컸다. 내가 부잣집 아들도 아니고, 그렇다고 돈을 잘 버는 직업을 가진 것도 아닌데, 그런데도 모든 책임은 오로지 내가 져야 할 상황이었다.

어느덧 그 뒤로 세월이 흘러 오랜 시간이 지나, 아이들은 필수 교육을 다 마쳤고, 독립해 나갔다. 지금 집에는 나와 아내 둘만 살고 있으니 모두 제 갈 길을 가고 있는 것이다.

어떻게 이런 기적 같은 일이 벌어졌을까. 돌이켜 보니 나는 가야 할 목표는 정해 놓았지만, 그 목표를 계속 바라보지는 않았다. 그저 매일매일 최선을 다해 시간을 아끼고 해야 할 일을 다 하는 것으로 실천해 나갔다. 나를 부르는 곳에는 어디든 달려가고, 써야 할 원고는 열심히 쓰면서, 새로운 아이디어와 기회를 통해서 이 땅의 어린이들과 청소년들에게 도움이 될 만한 책을 내려 애썼다. 내가 가야 할 정상은 잘 보이지 않았지만 바로 발밑은 확실하게 보였던 것이다.

산을 오를 때도 한 발 한 발 앞을 보고 걷다 보면 어느새 정상에 가 있는 법이다. 공부도 그렇다. 수학 시험을 잘 보고 영어 시험 성적을 잘 받으려면 당장 한 문제 한 문제를 정성껏 풀고, 공식을 잘 외우고, 단어 하나하나를 내 것으로 만들며 문장을 익혀서 머릿속에 넣어야만 한다. 그런 노력이 쌓였을 때 비로소 목표를 달성한다.

"로마는 하루아침에 이루어지지 않았다"라는 말이 있지 않은가. 매일 포기하지 않고 꾸준히 오래 하다 보면 어느새 뒤돌아보았을 때 그동안 먼 길을 왔음을 느낄 수 있다.

죽는 날까지 매일매일 최선을 다하며 하루하루를 성실히 살아내는 것, 그것이야말로 정상에 도착하는 지름길이다.

'포기'란 없어

: 아직 방법을 모를 뿐이야

불리함을
유리함으로

누구에게나 부족하거나 불리한 면이 한두 가지는 반드시 있게 마련이다. 건강이 안 좋거나 얼굴이 못생겼거나, 결정적인 약점이 있거나, 성격이 나쁘거나, 가정이 평화롭지 못하거나, 부모가 이혼했거나 등등의 각자 상황이나 사정들이 있다. 한마디로 완벽한 사람은 없는 거다. 우리가 보기엔 완벽하고 돈이 많은 재벌 집안의 이야기들도 흘러나오는 소문을 들어보면 역시 문제가 있기도 하다.

　나 역시도 어렸을 때는 장애가 참으로 고통스럽고 괴로웠다. '왜 나만 장애를 가져야 하나? 다른 아이들은 멀쩡한데 왜 하필이면 나인가' 하는 억울한 마음이 늘 있었다. 지독한 불운이라고 생각했다. 복구할 수 없을 것만 같아 보이는 치명상으로 여겼었다.

그래서 나는 초등학교 5학년까지는 혼자 방에 들어앉아 울기도 하고, 억울함 때문에 몸서리를 치기도 했었다. 그렇게 하고 싶었던 반장도 장애인이기 때문에 할 수 없었고, 아무리 책을 많이 읽고 똑똑하다고 한들 체육 시간에 아이들과 운동장에 뛰어나가서 놀지도 못하는 게 무척 서글펐다. 그런 생각만 하면 늘 마음이 우울하고 괴로웠다. 장애가 나에게 너무도 큰 시련이라고 생각되었던 거다.

하지만 어느 순간 나는 장애를 더 이상 발전의 걸림돌이라고 생각하지 않기로 했다. 있는 그대로 받아들이고 장애를 인정하기로 했다. 고등학교 때까지는 장애인이라는 사실을 인정하기가 싫어서 영화를 보러 가도 특별히 배려를 받을 수 있음에도 불구하고 수백 미터의 긴 줄을 목발 짚고 서서 몇 시간 만에 표를 사기도 했었다. 장애인이라고 특별대우를 받는 게 자존심이 상하고 싫었기 때문이다.

그러다가 미국에 가보고 나서 비로소 큰 깨달음을 얻었다. 미국의 디즈니랜드는 구경을 제대로 다 하려면 많은 사람들 때문에 며칠이 걸린다는, 그 정도로 멋지고 붐비는 곳이었다. 나도 한참 줄을 서야겠구나 생각했다. 하지만 놀랍게도 내가 휠체어를 타고 나타나자 줄을 섰던 사람들이 바로바로 양보를 해주어 놀이기구에 나를 먼저 태워주는 상황이 벌어졌다. 뭐 이런 곳이 다 있나 싶을 정도였다. 미국에서는 아무리 줄이 길게 늘어서 있는 상황일지라도 장애인만 나타나면 모두들 양보해줘서 줄을 서지 않고 어디든 입장할 수 있었다.

미국을 다녀오고 나서부터 나는 생각이 바뀌었다. '그래 나는 장애인이다. 그렇기 때문에 장애인에게 배려해주는 것들을 굳이 거절하고 불편함을 겪어야 할 이유는 없다. 지레 포기하지 말자.'

그 뒤로는 장애인용 주차장이라든가 장애인용 시설을 적극 이용하게 되었다. 물론 줄 서는 일도 거의 없다. 줄은 건강한 비장애인들이 서는 것이고, 나 같은 장애인은 그러한 줄에서는 열외로 배려를 받는 게 자연스러운 것이다. 인생은 생각을 어떻게 하느냐에 따라 달라진다. 나의 불리함을 인정하고, 그렇게 인정하는 가운데 새로운 삶을 모색하는 거다.

1822년 6월 6일에 미시간주 육군 부대에서 있었던 일이다. 열여덟 살의 프랑스계 캐나디언 마틴이 총기 사고를 당했다. 그는 몸통에서 1미터 가까운 거리에서 직격으로 총알을 맞았다. 한마디로 가슴에 구멍이 난 거다. 근육이 터졌고 갈비뼈가 부러졌으며, 위장이 뚫렸고 폐도 찢겨져 나갔다. 그야말로 곧 죽을 만한 위급한 중상이었다.

이때 버몬트라는 의사가 달려와 그의 총상 입은 몸을 수술했다. 그의 구멍 난 위에서는 식사 시간에 먹은 음식물이 쏟아져 나왔고, 손가락이 들어갈 만큼의 위장이 열려 있었다.

의사는 할 수 있는 만큼 최선을 다했다. 위장과 폐를 제자리로 돌려놓고, 상처를 깨끗이 씻고 소독한 뒤에 붕대를 감아주었다. 이 정도의 상처라면 그 당시 의술로는 살아남기가 매우 힘든 정도의 중상이었다. 하지만 마틴은 젊어서인지 건강하게 이겨내었고 점점 회복되어갔다.

그러나 위장은 아무리 치료해도 낫지 않아서 구멍이 뚫린 상태로 아물었다. 한마디로 귀를 뚫으면 구멍이 닫히지 않고 상처가 아무는 것처럼 된 거다. 위장막이 늘어나서 구멍은 가려졌지만 피부가 완전히 붙지 않아 손으로 위장을 여닫을 수 있게 되었다. 배가 뚫린 장애인의 모습이 된 셈이다.

이 상황이 의사인 버몬트에겐 어떤 면에서는 사람의 소화 작용을 연구할 수 있는 아주 좋은 기회였다. 그전까지는 사람의 뱃속을 들여다볼 수 없기 때문에 어떻게 소화가 진행되는지 제대로 알 수가 없었다. 하지만 마틴의 협조로 버몬트는 이때부터 위장에 음식을 넣으면 어떻게 소화되는지 관찰할 수 있게 되었다. 그동안 누구에게도 제공된 적이 없는 열린 위장 덕분에 위장 내부와 분비물을 연구할 수 있게 된 거였다.

오랫동안 마틴은 버몬트의 연구 대상이 되어주었다. 수시로 위장을 열고 음식이 어떻게 위에서 소화가 되는지 보여준 덕분에 버몬트는 위액 속에 염산 성분이 들어 있어 그것이 음식물을 녹여 소화가 이뤄진다는 사실을 알게 되었다. 위액도 뽑아낼 수 있었고, 그걸 이용해 위장 속의 음식물 분해는 화학 작용이라는 사실도 알게 되었다.

이후로 마틴은 어떤 사람이 되었을까? 우리가 생각하기엔 모든 실험이 끝난 이후엔 장애인으로 비참하게 살았을 것 같지만, 아니었다. 마틴은 삶을 포기하지 않았다. 모든 사실을 있는 그대로 긍정적으로 받아들였다. 불합리한 운명을 수용하고 오히려 그것을 활용했다. 누군가에게 도움이 된다는 사실을 기억하며 활기차게 생활했고, 결혼해서 아이도 넷이나 낳았다. 그리고 육군 하사관이 될 정도로 승진도 했다.

사람들은 그를 '위장에 뚜껑 달린 사나이'라고 말했지만 그것도 개의치 않았다. 그는 관심 있는 의사들에게 자신의 장기를 보여주면서 그 대가로 돈을 받아 재산도 상당히 모았다고 한다. 배에 총을 맞고 구멍이 뚫린 비참한 장애인으로서 삶을 포기했더라면 이런 놀라운 일은 결코 생기지 못했을 것이다.

인생은 이런 것이다. 죽음을 앞두고도 삶을 포기하지 않는 자세, 그리고 자신의 장애나 불편함을 원망하고 좌절하지 않고 수용하고 살아갈 때 기적이 일어난다. 어려움이 있다고 나

의 삶과 목표와 도전을 포기하면 그 뒤의 영광은 구경할 수조
차 없다. 상처나 불리함은 계속 포기하지 않고 도전하는 사람
에게는 '아무것도 아닌 것', 나아가 '나에게 유리한 것'이 될 수
있다.

인생은 길고 긴
마라톤이다

~~~~~~

가끔 신문을 보면 대학 입시에 실패하거나 성적이 떨어졌다고 비관해서 자살하거나 인생을 포기해버리는 사람들을 보게 된다. 물론 성적에 모든 것을 걸고 최선을 다해 노력했는데 뜻대로 되지 않으면 깊은 절망감을 느낄 수 있다. 목표한 바를 얻지 못했을 때 느끼는 좌절감은 생각보다 크기 때문이다.

그렇지만 젊은 청소년들, 심지어는 초등학생까지도 그런 무서운 생각을 한다는 점이 슬프고 놀랍다. 왜냐하면 인생은 길고도 긴 마라톤 같은 승부이기 때문이다. 마라톤은 무려 42.195킬로미터를 달리는 장거리 레이스다. 아무리 초반에 잘 뛴다 해도, 끝날 때까지 체력을 잘 안배해서 달리지 않으면 절대 이길 수 없다.

삶도 마찬가지다. 초등학생 때 아무리 똑똑하고 공부를 잘해도 나이 들어 늙어 죽을 때까지 그 사람이 똑똑하고 훌륭한 사람으로 살 거란 보장이 없다. 거꾸로 말하자면, 아무리 초년 시절에 부족하고 이렇다 할 성과가 없더라도 죽는 날까지 한심한 상황이 이어질 거라는 보장도 없는 거다.

한 사람의 업적과 능력은 그 사람이 생을 다 마치고 나서야 평가되는 거다. 나의 경우도 애초부터 문학을 하겠다고 생각했던 건 아니었다. 의대를 가려다 좌절하여 생각지도 않던 국문과에 들어가게 되었고, 작가의 꿈을 갖게 된 것도 대학교 2학년 때부터다. 그렇게 따지면 나는 그저 30년 정도 글을 쓰고 있는 작가일 뿐이다. 하지만 지치지 않고 끊임없이 글을 쓰며 지금도 계속 새로운 창작 욕구에 불타고 있다. 하루 24시간이 부족하다고 생각하면서 쓰고, 읽고, 생각하는 일을 게을리하지 않는 거다. 나의 갈 길은 아직도 멀고, 인생의 승부는 끝나지 않았다고 생각하며 묵묵히 가고 있다.

이거 하나는 꼭 기억하자. 초반에, 또는 중반에, 그리고 후반에 좌절한다고 해서 인생 전체가 망가지지는 않는다. 그러니까 작은 일에 너무 기뻐하거나 크게 슬퍼할 필요가 없다. 성적이나 친구 관계, 학업 등 각종 여러 가지 어려운 문제로 좌절하는 것도 시간이 지나고 나서 보면 별거 아니고, 또 성과라는 것도 지나고 나서 보면 보잘것없는 것일 수 있다.

　평생을 장기 레이스로 승부한 멋진 인물로는 동물학자인 제인 구달을 들 수 있다. 제인 구달은 영국에서 태어난 동물학자이다. 어려서부터 동물을 좋아했다고 한다.

　그녀는 우연한 기회로 아프리카에서 일하게 되었는데, 동물학 분야에서 꽤 유명한 루이스 리키 박사의 비서 업무를 하게 되었다. 리키 박사는 자료 정리와 연구생활을 보조하던 제인의 모습을 보고, 앞으로 계속 침팬지를 연구해보면 어떻겠느냐고 그녀에게 제안을 한다. 대학도 나오지 않았고, 동물학을 배운 적 없는 제인에게 박사가 이런 제안을 한 데에는 이유가 있었다. 학문에 너무 치우쳐 있거나 이론에 빠져 있는 사람보다 편견 없이 침팬지를 있는 그대로 봐주는 제인이 적임자라고 생각했기 때문이었다.

　결국 제인은 평생 결혼도 하지 않고 침팬지 연구에 매달렸다. 그녀가 이룬 업적은 참으로 엄청나다. 오래전부터 학자들은 인간만이 도구를 사용한다고 생각했었다. 침팬지도 인간처럼 도구를 사용해 개미를 잡아먹는다는 사실은 제인 구달이 연구를 통해 밝혀낸 것이다.

　게다가 초식동물로 알려졌던 침팬지가 알고 보니 사람과 똑같이 고기도 먹는 잡식동물이라는 사실도 알아냈다. 뿐만 아니라 침팬지 종족이 전쟁을 벌이거나 싸울 때 사람과 똑같이 정찰하거나 기습하고, 힘을 합쳐 적을 진압한다는 것도 밝혀냈다. 대학을 나오지 않은 그녀지만 평생을 침팬지와 함께 살면서 오래도록 꾸준히 연구한 결과 박사학위도 받을 수 있었다.

어느덧 할머니 나이가 된 제인 구달은 지금은 환경운동가로 자연 보존 운동에 앞장서고 있다. 지금부터 자연을 소중히 아끼고 생각한다면 어린 아이들이 커서 이 세상을 이끄는 성인이 되는 때까지 우리의 자연이 잘 보호되리라고 믿기 때문이다. 그녀가 함께하고 있는 '뿌리와 새싹(Roots and Shoots)' 재단은 현재 68개국에 3천 곳이 넘는 지부가 형성되어 있다. 환경과 미래를 생각하고 동물을 아끼려는 자신의 신념을 지켜나가고 있는 것이다. 그녀의 레이스는 현재도 진행 중이다.

좀 뒤늦은 시작도 괜찮다. 꿈과 나아갈 길을 정했다면 뒤돌아보지 말고 그 길로 나아가야 된다. '평생 동안 해나가야 할 승부'라는 생각으로 꾸준히 해보겠다는 마음만 있다면, 그 자체만으로도 아름다운 경주다.

궁하다고
포기하다니

~~~~~~~~~~~~~~~~~~~~~~~~~~~~~~~~

살다 보면 참 뜻대로 안 되는 일이 너무나 많은 게 인생살이다. 궁하고, 부족하고, 불리하고, 갖고 있는 것이 마땅치 않은 경우가 태반이다.

나의 경우도 그렇다. 뭘 좀 해보려 하면 재료가 없거나, 실력이 부족하거나, 능력이 없거나……. 그래서 부족한 여건에서 큰일을 해낸다는 것이 얼마나 힘든 일인지, 얼마나 훌륭한 일인지도 너무 잘 알고 있다.

나에겐 고교 시절 가방을 매일 들어주던 절친한 친구가 있었다. 대학생이 된 나에게 함께 야유회를 가자고 제안하기에 그러마 하고 대답했다. 친구와 함께 놀러 가는 걸 싫어할 사람이 어디 있는가? 친구는 사귀던 중인 여자 친구도 그 자리에 데려오고 싶어 했다.

그런데 문제는, 그 여자 친구가 아르바이트를 하고 있었다는 거였다. 그녀는 번역해야 하는 책 한 권을 원고지에 옮겨 적는 일을 해야 했다. 당시엔 외국어로 된 책이 귀해서 이런 일이 종종 있었다. 책 한 권이면 200자 원고지로 천 장이 넘는 방대한 분량이다. 여자 친구는 그 일을 아직 시작도 못 했기 때문에 주말 내내 해야 한다며, 그래서 우리를 따라갈 수 없다고 거절했다. 그 말에 내 친구는 여간 실망하는 눈치가 아니었다.

그래서 나는 어떻게든 우리가 해결해주겠다고 말했다. 그래서 그의 여자 친구도 야유회에 따라와 주말 동안 즐겁게 놀았고, 저녁에 친구의 집으로 함께 몰려갔다.

근데 실컷 놀고 가서 보니 가져온 일의 분량이 실로 엄청난 거였다. 책 한 권을 원고지에 옮겨 적는 일이니 요즘처럼 컴퓨터가 있는 시대도 아니어서 상황은 정말 급박해졌다. 나와 친구 두 사람이 함께 도와준다 해도 수백 장의 원고를 정해진 시간 내에 적는다는 게 거의 불가능해 보였다.

시험 삼아 원고지 한 장을 써봤더니 200자 원고지 한 장을 쓰는 데 몇 분이 걸렸다. 아무리 빨리 써도 한 장당 2~3분이 걸리니까 산술적으로 계산해보아도 하루에 다 할 수 있는 일이 결코 아니었다.

그의 여자 친구는 울상이 되었다. 아르바이트를 정해진 시간까지 못 해가면 자기는 회사를 더 다닐 수 없다고 했다. 그때 나는 '궁하면 통한다'는 옛말이 생각났다. 비상 상황일 땐 머리가 갑자기 돌아가는가 보다. 평소에 알고 지내던 친구들에게 전화를 하기 시작했다. 다행히 친구 녀석은 평상시에 대인관계가 좋았고, 남의 어려움에 항상 발 벗고 나서는 품성을 갖고 있었다. 순식간에 여덟 명의 친구를 모을 수 있었다.

모인 친구들에게 나는 원고지 쓰는 법을 간단히 가르쳐주고 책을 쪼개 나눠주었다. 한 사람당 일정한 분량을 주면서 원고지에 베끼어 쓰라고 했다. 일제히 각자 가장 편한 자리를 골라 책상 위, 밥상, 혹은 땅바닥에 엎드려 원고를 옮겨 쓰기 시작했다.

결국 그날 새벽 두 시가 넘어서야 우리들은 각자 나눠서 쓴 원고를 합쳐서 책 한 권 분량의 원고를 만들 수 있었다. 그것을 본 친구의 여자 친구는 감격했다.

"어머, 하늘이 무너져도 솟아날 구멍이 있다더니, 정말 그 말이 맞네요. 감사해요."

그렇다. 우리에게는 궁하면 궁한 대로 통하는 방법이 있다. 가만히 해결책을 찾다 보면 반드시 방법이 생각난다.

세계 최초로 원자로를 만든 과학자는 엔리코 페르미다. 이탈리아 출신인 그는 1938년에 한참 파시즘이 득세하고 있던 이

탈리아를 떠나 미국으로 왔고, 나중에 중성자에 의한 인공방사능 연구의 업적으로 노벨물리학상을 수상하였다. 우라늄 원자에 중성자를 충돌시키는 원리를 발견하고 실용화했는데, 다시 말해 핵분열을 일으킬 수 있는 원리를 알아낸 거다.

엔리코 페르미는 세계 최초로 원자로를 만들어내 '핵시대의 설계자'로 불린다. 그는 자신이 설계한 세계 최초의 원자로에서 원자의 핵분열에서 엄청난 에너지가 나온다는 사실을 최초로 실험하여 확인했다.

핵분열을 하게 되면 우라늄 원자는 엄청난 에너지를 방출해 연쇄반응을 일으키게 된다. 이 급속한 폭발을 제어하여 적당한 속도로, 핵분열이 빨리 일어나지 않도록 조절해 그 열로 물을 덥혀서 발전을 하는 것이 우리가 현재 사용하고 있는 핵발전의 원리다.

그러나 당시만 해도 이론적으로는 중성자들의 속도를 제어해 연쇄반응을 일으키는 것이 가능했지만, 실제로는 그때까지 아무도 실험해본 적이 없었다. 원자로가 없었기 때문이다. 핵분열의 속도를 떨어뜨리는 감속제 중에 가장 좋은 것은 탄소, 즉 흑연이었다. 흑연으로 벽돌을 만들어 밀폐시키고 그 안에서 우라늄이 핵반응을 일으키도록 만들면 되는 거였다. 이론에 따라서 무언가를 시도해보고, 거듭되는 실패와 실험을 통해 성과를 내야 하는 것이 과학 실험이다. 페르미는 과학 이론에 맞게 모든 재료와 도면을 만들었지만 사실 아무도 해본 적 없는 실험을 하려니 쉽지 않았다.

게다가 원자로를 만들 장소를 구해야 했지만 적절한 곳을 찾을 수가 없었다. 천장도 높아야 되고 공간도 넓어야 하는데 어느 정도 높고, 어느 정도 커야 하는지를 모르는 거였다. 결국 장소를 하나 정했는데, 그곳마저 이내 국방부에서 써야 한다고 사용을 금지했다.

결국 페르미는 시카고대학교의 경기장 서쪽 관람석 쪽에 있는 스쿼시 코트를 주목했다. 스쿼시라는 운동은 밀폐된 공간 안에서 테니스 라켓처럼 생긴 것으로 공을 치고받는 게임이다. 그 엉뚱한 장소 외에는 마땅한 실험 장소가 없었다.

그 공간은 두꺼운 문을 통해서 들어가야 하고, 폭이 9미터이고, 길이는 18미터이며, 높이가 약 7.8미터였다. 새로 지은 것도 아닌, 이런 공간에서 페르미는 원자로를 제작하기 시작했다.

마침내 악전고투 끝에 흑연 벽돌을 쌓아 6주 만인 1942년 12월 2일 아침에 페르미는 원자로를 가동시켰다. 그리고 연쇄 반응이 일어나는 것을 확인했다. 실험에 성공한 것이다. 궁하면 통한다는 말대로 페르미는 처해진 상황에 맞추어서 부족한 것은 부족한대로 자신의 뜻을 관철해냈다.

모든 것을 다 갖추고 번듯하게 시작해야 된다고 생각하는 사람도 이 세상엔 많다. 하지만 위인들의 삶을 돌아보면 꼭 그

런 것만은 아니다. 부족하고 아쉬운 상황에서도 무언가를 이루
어내는 것, 그것이 인간의 위대함이고 삶을 성공으로 이끄는
지름길이 되기도 한다.

새 신문, 새 작품
그리고 새 삶

대학원 도서관 휴게실에는 낯선 신문 한 무더기가 늘 쌓여 있었다. 한 해 전에 창간한 새 신문이었다. 널리 알리기 위해 누군가가 매일 갖다 놓는 것 같았다. 그 무렵 한창 박사 논문을 쓰던 나는 아침이면 대학원 도서관에 출근하듯 나가 작업하고 저녁이면 집에 돌아오는 가열찬 삶을 살고 있었다. 가끔 휴식 시간에 펼쳐보는 신문은 그런 나에게 제법 큰 청량감을 주었다.

새로 만든 신문이라 편집은 참신했고, 내용도 특이한 것들이 제법 있었다. 그 가운데 단연 눈에 띄는 건 〈문예사계〉라는 작품 현상공모였다. 살펴보니 그 신문은 신춘문예 대신 계절마다 한 명씩 장르별로 작품을 뽑는다는 것이 아닌가. 벌써 세 번을 뽑았고, 마지막 계절인 겨울철에 새 작품을 기다린다는 공고였다. 순간 내 가슴은 뛰었다. 박사 논문을 쓰느라 깊이 묻어두었던 창작욕이 판도라의 상자가 열리듯 다시 솟구쳤던 것이다. 물론 논문이라는 우선순위를 잊고 있지는 않았다.

그날부터 귀가하면 시간 날 때마다 컴퓨터 하드 디스크 안에 깊숙이 묻어두었던 파일을 불러내 소설을 다듬었다. 가장 자신 있는 작품을 보내야 한다는 생각이었다. 그리하여 골라든 작품은 단편소설 〈선험〉. 5~6년 전에 써놓았던 것이었다. 물론 시간 날 때마다 고치고 또 고쳐 더 이상 다듬을 수 없는 지경이긴 했다.

이 작품을 쓰게 된 계기는 독특했다. 하나뿐인 여동생은 잠시 간호대학을 다녔다. 동생이 받아 온 교과서들은 흥미로운 것들이었다. 그 가운데서도 심리학 교재를 우연히 읽다 보니 '선입견'이라는 항목이 있었다. 제목 없는 글을 던져주며 아리송한 표현들을 통해 이 글이 무슨 내용인지 맞춰보라는 것이었다. 제목 없이 글을 읽는다는 것은 정말 실태를 파악하기 어려운 새로운 난감함이었다. 그때 나는 세상 사물과 사건을 먼저 경험해보고 나중에 의미를 부여한다는 것이 또 다른 인식 체계의 접근 방법임을 깨달았다. 그처럼 자연스럽게 내가 서술하려는 사물이 무엇인지 눈치 채지 못하도록 독자들에게 화두를 던지는 소설을 쓰고 싶었다. 그리하여 만들어진 것이 2인칭 소설이다. 그 작품의 주인공은 바로 '당신'이다.

"당신이 행하고자 하는 이 작업의 준비 상황을 설명하는 건 그리 어려운 일이 아니다." 이렇게 소설은 시작한다. 작가가 던지는 당신이라는 지칭에 독자가 긴장을 늦출 수 없게 만든 구성이었다. 물론 그 배경에는 나의 자전적인 문제도 있었다. 장애를 가지고 있는 내가 소설을 쓴다 했을 때 주변의 평가는 대부분 부정적이었다. 경험과 현장을 중시하던 당시 문단 풍토에서 활동이 제한적인 나에게 작가로서의 성공은 기약하기 어렵다는 세평이 주위에 가득했다. 그리하여 선험(先驗, 경험에 앞서 선천적으로 가능한 인식 능력)적인 사고로도 얼마든지 글을 쓸 수 있다는 오기 비슷한 시도가 작품을 쓰도록 만들었다.

하지만 이 작품의 완성은 5년이나 더 지나야 가능했다. 같은 학교에 다니는 고혜숙이라는 중문과 여자 후배가 내 작품을 보고 싶다 하여 몇 편의 습작을 건넸는데, 그녀가 콕 집어 이 작품의 3분의 1에 해당하는 부분을 군더더기라 지적하였다. 독자들 입장에서는 없어도 되는 부분이라면서 덜어내면 어떻겠냐는 거였다. 그래서 못할 것도 없다는 생각에 과감히 삭제하고 보니, 그제야 정말 작품은 알찬 것으로 변신했다.

이 작품을 이웃집 친구처럼 한 번씩 불러내 읽으며 다듬는 작업은 즐거움이었다. 논문 때문에 건조한 논리와 이성의 문장을 짜내느라 혹사당했던 나의 뇌는 작품을 수정할 때 비로소 감성의 샤워로 활력을 되찾았다. 그렇게 신선할 수가 없었다. 마침내 공모 마감 전에 마무리되었으니 완성이라기보다 반짝이는 구리거울을 더 빛나게 거친 가죽으로 연마하는 격이었다.

작품을 학교 우체국에서 발송한 뒤 나는 바로 잊어버렸다. 박사 논문 심사의 긴 여정이 시작되었기 때문이다. 마지막 심사를 앞뒀던 12월 중순의 어느 날, 신문사의 신효정 부장이 전화를 걸어왔다. 까맣게 잊고 있었는데, 내가 쓴 소설이 당선되었다는 통보였다. 믿을 수 없었다. 논문 심사장에서 이 기쁜 소식을 알리자 심사위원 교수들 전원은 큰 박수를 쳐주었다. 모두들 국문학자들이라 신춘문예에 소설이 당선된다는 게 어떤 의미인지 알고 있었다.

결국 다음 해에 나는 박사학위와 함께 소설 등단이라는 칼을 양손에 하나씩 들고 이 험한 세상에 나올 수 있었다. 지금도 모니터의 커서가 깜빡일 때면 나를 구원으로 이끌어 오늘날의 작가 고정욱을 만든 등단작 〈선험〉을 기억한다. 나의 문학은 내 삶의 선험이었다. 작품에 고언을 던진 후배 고혜숙은 지금 저작권 에이전시 회사의 대표가 되었고, 중견매체가 된 그 새로운 신문은 〈문화일보〉다.

실패가
두렵다고?

~~~~~~~~~~~~~~~~~~~~~~~~~~~~~~~~~~

실패를 두려워하는 이유는 그것이 용기와 희망을 꺾기 때문이다. 애써 무엇인가를 시도하다 실패하면 또다시 시도하기가 참 어렵다. 싸우다 한 번 지는 것도 열 받고, 장사를 하다 손해를 보는 것도 괴롭고, 열심히 공부했는데 성적이 올라가지 않고 시험을 망치는 것도 속상하다. 하지만 실패를 두려워하고 멀리하면 결코 성공의 경험도 맛볼 수 없다.

　나의 경우도 많은 실패를 했다. 뜻하지 않게 문과로 전공을 바꿔서 국문과에 입학한 뒤로 작가가 되겠다는 꿈을 가지고 글을 써보았다. 맨 처음 쓴 글은 재벌 2세인 아들이 우연히 교통사고로 알게 된 공장의 여직원을 사랑하게 되는 내용의 소설이다. 사랑을 위해 자기가 갖고 있는 모든 기득권을 포기한다는, 지금 생각하면 어이없기 짝이 없는 스토리였다.

하지만 처음 쓰는 소설이니까 그 작업이 참 재미있었다. 모든 것이 새로웠다. 나는 그 소설을 학교 신문에 응모했다. 물론 당연히 결과는 실패였다. 그렇지만 심사평의 맨 마지막 줄에 "상을 받지 못한 여러 편의 다른 작품들도 더욱 노력하기 바란다"며, 심사위원이 예의로 써준 여러 편의 다른 작품들 중에 내 작품 제목을 발견하고는 무척 고무되었다.

'아, 좀 더 쓰면 되겠구나.'

계속 작품을 써서 다음 해에 또 응모했다. 이번에는 제법 실력이 좋아졌는지 최종 결선에 올라간 몇 작품 중의 하나에 들게 되었다. 하지만 결과는 역시 낙선이었다.

기필코 상을 하나 받겠다는 일념으로 열심히 노력해서 졸업하던 해인 4학년 때 쓴 작품이 당선되어 상도 받고 상금도 받았던 기억이 난다. 몇 번 실패하지 않고 예상보다 빠르게 성과를 이루어냈다.

그러나 그것은 또 다른 수많은 실패의 시작이었다. 대학원을 진학하고 작가로서의 본격적인 준비를 할 때, 신춘문예나 각종 문예지에 작품을 보내봤지만 당선이 되지 않는 거였다. 보내면 떨어지고, 보내면 떨어지고, 당선 직전까지 갔다가 또 떨어지고……. 결국은 작가가 되겠다는 결심을 한 지 12년이 지나서야 비로소 신춘문예로 등단했고, 작가로서 이름을 얻게 되었다.

이처럼 살면서 우리는 수없이 많은 실패를 경험하게 된다. 실패를 즐거워하고, 별거 아닌 것으로 받아들이는 내공이 생길 때 비로소 그 사람은 성공할 가능성이 있다.

엄청난 실패를 딛고 일어선 사람 가운데 유명한 이가 바로 발명왕 에디슨이다. 그는 연구소를 설립해서 수없이 많은 발명품을 만들어냈다. 그 가운데 백열전구는 50년 동안 수많은 사람들이 만들어보려고 노력했지만 실패하고 말았던 물건이다.

당시 많은 연구원들이 전기를 연결했을 때 빛을 발하는 물질을 찾기 위해 얼마나 노력했는지 모른다. 빛을 내는 것뿐만 아니라 오래도록 견디면서 타지 않는 재료를 찾아내는 것이 이 연구의 목적이었다.

너무나 단순한 목적이지만 실제로 그에 맞는 재료를 찾는 건 어려운 일이었다. 수많은 종류의 실들을 가져다가 태워서 전류를 통과시켰다. 그러나 그 실들은 이내 산화되어 끊어졌다. 비단실, 포장지, 심지어는 나무를 얇게 깎아서 써보기도 했지만 전부 실패했다.

에디슨은 실패한 재료들은 내다 버리는 게 아니라 그대로 상자에 담아 실험실 동쪽 현관에 따로 보관했다. 상자에 담아

메모가 적힌 종이까지 붙여놓은 것을 보면 그가 얼마나 연구를 열심히 했는지 알 수 있다. 그 뒤로도 호랑가시나무, 탈지면, 마분지, 화장지, 셀룰로이드, 코르크, 고무 등의 산화를 견딜 수 있는 다양한 재료가 실험에 사용되었다. 심지어는 연구소에서 일하는 사람들의 턱수염까지도 필라멘트로 쓸 수 있나 실험했지만, 그것도 역시 타서 없어지고 말았다.

그러다 1879년 10월 21일 마침내 에디슨은 타서 없어지지 않는 필라멘트 재료를 발견했다. 그것은 바로 무명실이었다. 무명실을 태워서 숯으로 만든 다음에 전류를 통과시켰더니 빛을 발하면서 꺼지지 않았다. 밤을 새워도 꺼지지 않는 것을 보고 마침내 전구를 만드는 데 성공했다는 사실을 알았다. 나중에는 개량해서 얇은 종이를 탄화시켜서 필라멘트로 만들었다. 오랜 연구 끝에 이 종이는 녹지 않으면서 화강암보다도 더 단단하게 만들 수 있었다. 탄소만 빼고 나머지 성분은 다 없애버린 덕분이었다.

이런 어려운 과정을 전부 거치고 나서야 전구 발명이 완성되었다. 호롱불이나 가스 불처럼 냄새도 나지 않고, 연기도 나지 않는 새로운 광원이 개발된 거다. 공기를 오염시키지도 않고 깜박거리지도 않으면서 물속에 담가도 불빛을 내는 이 전구로 인해 인류는 비로소 어둠을 정복할 수 있었다.

뉴욕은 세계 최초로 전등으로 빛을 밝힌 대도시가 되었다.

실패를 두려워하지 않고 결국엔 성공하리라는 신념으로 도전했기 때문에 이런 놀라운 결과를 얻을 수 있었다.

전구의 발명은 인류의 역사에서 '두 번째 불의 발견'이라고 일컬어진다. 첫 발견은 원시인이 불을 사용해서 난방을 하고 무서운 동물을 쫓아냈던 그 불이다. 이 두 번째 불의 발견은 인류의 문명을 발전시켰고, 밤 시간을 낮 시간처럼 만드는 데 기여했다.

하는 일마다 실패한다면 그것은 좋은 조짐이다. 성공을 위해 노력하고 있다는 뜻이기 때문이다. 그리고 언젠간 이룰 수 있다는 의미다.

싫은 것에도
적응해봐

요즘 청소년들은 싫고 좋은 것이 분명하다. 눈치 보지 않고 싫으면 싫다, 좋으면 좋다고 의사표현이 확실한 걸 여러 번 보게 된다. 그것은 솔직하고 좋은 태도다. 가급적 싫은 일을 멀리하고 좋아하는 일을 하면서 살 수만 있다면 행복한 거다. 하지만 살다 보면 싫은 것을 해야 할 때도 있고, 내키지 않는 것을 할 수밖에 없는 상황에 처하기도 한다.

학교를 다니는 것, 공부하는 것, 회사에서 일하는 것, 사람과 관계를 맺는 것이 힘들고 어렵다며 불평하는 사람들이 참 많다. 그런 사람들 눈엔 남들이 다 싫어하는 그런 일을 앞장서서 자원해 웃으면서 하는 사람들의 모습이 이해가 안 된다. 예를 들어 환경을 위해서 조금의 불편이라면 감수하겠다고 버스를 타지 않고 걸어 다니는 사람이나, 재미없는 단순 작업을 묵묵히 해내는 사람들, 몸이 고된 일도 의미 있는 일이라면 나서서 하는 사람들의 모습이 그렇다. 하지만 남들이 불편해하고 싫어하는 것도 기쁨으로 하고 그 속에서 의미를 찾아 즐긴다면 결국엔 그 사람이 더 큰 기쁨을 맛보지 않을까?

대학교 2학년 때의 일이다. 방학 중에 집에서 쉬는 사이에 온몸의 근육과 정신 상태가 풀렸는지, 개학해서 새 학기에 20학점을 등록하였더니 여간 힘든 게 아니었다. 일정이 만만치 않았다. 학기 내에 선택한 학점의 과목 수업을 들으려면 거의 일주일 내내 이 강의실, 저 강의실을 떠돌아다니면서 바쁘게 움직여야 될 지경이었다. 그 당시만 해도 목발을 짚고 다니던 나는 넓은 대학 캠퍼스를 이동하면서 20학점을 수강할 생각을 하니, 해보기도 전에 벌써 지치고 힘이 들었다.

방학이라 집에서 쉬면서 한참 동안 안 썼던 몸은 근육통을 호소했고, 저질 체력이 된 상태라 정말 견디기 힘들 정도였다. 결국 개강 후 일주일 다녀보고 나는 20학점을 한꺼번에 듣는 건 무리라는 생각에 두 과목을 취소했다. 17학점으로 그 학기의 수강 신청을 마무리했는데, 몇 주가 지나니까 몸이 조금씩 적응되면서 그렇게 힘들던 학교생활이 별거 아닌 게 되었다.

조금만 견뎠더라면 처음에 계획한 대로 20학점을 다 수강할 수 있었겠다 싶었다.

그래서 알게 되었다. 힘들고 하기 싫은 마음도 잠시라는 사실을. 한두 번만 고비를 넘기면 된다는 것을 말이다. 그래서 이후로는 좀 힘들더라도 매학기 20학점을 신청했다. 시간이 지나면 몸이 적응하며 견딜 수 있었다. 싫은 일, 견디기 힘든 일은 마음먹기에 따라 얼마든지 이겨낼 수 있는 것들이다.

친구 하나가 수원의 신문사 지국장으로 일하고 있다. 한번은 나에게 물었다.

"우리 동네에 신문을 돌리는 사람들이 누군지 알아?"

"가난한 고학생들 아냐?"

"아니. 아파트에 살고 있는 중산층 아주머니들이 신문을 돌려. 자녀들 학원비도 마련하고 건강을 위해서 운동 겸 하는데, 그런 생각 하면 이 일이 너무 좋다는 거야."

그 말을 듣고 나는 '아, 정말 그렇겠구나!' 생각했다.

그곳 신문사 지국엔 가끔 가난한 형편에 직업도 없어서 기초 생활수급자로 살면서 나라에서 주는 돈으로 생활하는 사람이 신문을 배달해보겠다고 찾아오기도 한단다. 그러면 친구는 그분들이 우선적으로 신문을 배달할 수 있도록 일거리를 주었다고 한다. 그런데 그들 중에 대다수가 하루나 이틀 정도 배달해보곤 다시 나오지 않는다는 거다.

　힘든 일이 싫은 것이다. 몸을 애써 움직일 필요성을 못 느끼는 거다. 친구는 어쩌면 그래서 그분들이 가난에서 벗어나지 못하는 것인지도 모른다고 말했다. 가만히 있어도 나라에서 죽지 않을 정도의 돈을 주는데 왜 힘들게 움직여야 하는가 말이다. 하지만 그런 생각을 가지고 있으면 결코 지금의 상황에서 벗어날 수 없다. 당장엔 힘겹다 할지라도 포기하지 않고 다시 도전하면 그것이 견딜만해질지도 모르는 일이다. 그 속에서 재미나 보람을 느낄 수도 있고 말이다.

　프랑스의 교향곡 작곡가였던 베를리오즈는 한때 의과대학을 다닌 적이 있는 사람이다. 의사가 되라는 아버지의 강요로 그는 1821년에 파리로 유학을 갔다.

　어느 날 동창생 호베르가 그를 자선병원의 해부실로 데려갔다. 의사가 되려면 시체를 해부할 줄도 알아야 하기 때문이다. 그곳 납골당 같은 방 안에는 시체의 팔다리 조각이 여기저기 나뒹굴고 있었다. 해골이 입을 벌린 채 있었으며, 피범벅으로 진창인 바닥에서는 썩은 냄새가 진동했다. 방구석에서는 쥐들이 뼈들 사이를 왔다갔다 하고 있었다. 위생과 보건의 개념이 없던 끔찍한 시절의 이야기다.

　그런 곳에 처음 간 베를리오즈는 너무도 끔찍한 광경에 충

격을 받고 말았다. 결국 해부실 안에 오래 머물지 못하고 집으로 도망쳐왔다. 하루 종일 그는 먹은 것을 토하고 구역질하면서 고통스러워했다. 어떻게 하면 이 끔찍한 상황에서 벗어날 수 있을까, 앞으로는 어떻게 시체들을 대할 수 있을까를 생각하며 오만 상상과 도망갈 궁리만을 했다.

그날 뒤늦게 찾아온 동창 호베르는 베를리오즈를 설득했다. 그런 생각이 아무 쓸데없는 것이고, 지금 당장엔 끔찍하다는 생각뿐이겠지만 다시 한번 가보면 괜찮을 거라고 재차 설득했다. 어느 의학도든 그런 상황을 처음 접하면 다 그렇다는 거다. 좋은 의사가 되겠다는 생각을 갖고 한 번만 더 노력해보라고 권했다.

결국 베를리오즈는 다음날 친구의 청에 못 이겨 병원으로 가서 어제의 그 해부실에 다시 들어갔다. 그런데 정말 놀라운 상황이 벌어졌다. 한번 그런 호된 경험을 해봐서인지 두 번째 날에는 누워 있는 시체라든가, 뼈, 인체의 장기나 조직이 전혀 아무렇지 않게 느껴지는 거였다. 여전히 징그럽다는 생각은 들었지만, 두렵다거나 이것 때문에 의사의 길을 다 포기하고 싶다는 생각이 들지 않았다. 그 결과 베를리오즈는 의사 수업을 계속할 수 있게 되었다.

인생은 이런 거다. 아무리 끔찍한 해부실이라도 두 번째 가보면 익숙해지는 것처럼, 처음엔 다 낯설고, 두렵고, 힘들고, 내가 이겨낼 수 있을까 걱정되지만 다시 한번의 시도로 전혀 다른 결과를 얻을 수 있다. 처음의 경험만으로 나머지 가능성을 포기해서는 안 된다.

모든 사람에게 정해진 시간은 한정되어 있다. 그래서 각자에게 허락된 모든 시간이 귀한 것일지도 모른다. 어리고 젊을 때는 인생의 긴 여정 중에 특히나 중요하고 신중해야 할 시기다. 가능성이 있는 자기 미래를 너무 쉽게 단정하고 포기하지 말자. 될 때까지 도전하고, 싫은 것도 한번 도전해보고 이겨내 보겠다는 정신이 필요하다.

더불어 사는
세상을 위하여

~~~~~~~~~~~~~~~~~~~~~~~~~~~

"강사님께 질문이 있는데요, 혹시 결혼은 하셨어요?"

어느 회사의 '장애인 인식 개선 교육'을 마치자 직원 한 사람이 손들고 내게 물었다. 비장애인에게 했으면 크게 결례일 수 있는 매우 사적인 질문이었다. 그는 휠체어 타는 1급 장애인인 내가 결혼을 했을지 문득 궁금했으리라.

묻는다는 건 좋은 일이다. 몰랐던 것을 알게 되기 때문이다. 그러나 당연히 알아야 할 것을 모른다는 것은 문제다. 장애인은 대개 결혼할 수 없고, 변변한 직업이 없고, 교육도 제대로 못 받았으리라는 편견은 무지의 산물이다. 이런 편견이 급기야 차별로 귀결된다.

장애인에 대해 올바른 인식을 갖는 것이 필요하다. 개인적으로는 성장이며, 사회적 발전의 원동력이 된다. '인식 개선 교육'은 그래서 필요하다. 나는 15년 전부터 이를 위해 각 학교, 공공기관, 지방자치단체 등 전국 어디든 달려가고 있다.

안타깝고도 놀라운 사실은 이러한 교육이 사업주의 의무 사항인데도 제대로 시행되지 않는다는 점이다. 그나마 교육도 형식적인 경우가 많았다. 그렇다 보니 장애인이 그토록 동참하길 꿈꾸는 취업 현장의 인식 변화엔 크게 도움이 되지 않았다. 장애인 고용은 여전히 어려운 일이고, 기피하고픈 규제이다. 당연히 장애인 채용에 기업이 소극적일 수밖에 없다.

결론부터 말하자면, 장애인도 취업할 수 있다. 아니, 최대한으로 취업할 수 있는 여건이 만들어져야 한다. 그동안 장애인들은 직업을 얻는 것에 대해 포기부터 하곤 했었다. 그들이 능력이 없어서가 아니다. 사회가 포기하게 만드는 것이다. 비장애인들이 탐탁찮게 여기는 힘들고 어려운 일도 장애인들은 기꺼이 해낸다. 그들을 적재적소에 배치하고, 능력을 있는 그대로 봐준다면 충분히 가능하다. 장애인은 못할 거라는 잘못된 인식 때문에 기회조차 주어지지 않는다면 정말 안타까운 일이고, 그 노동력이 사용되지 않는다는 건 매우 아까운 일이다.

장애에 대한 인식을 바꾸는 것은 나 자신을 바꾸는 동시에 세상을 바꾸는 일이다. 장애인들은 어렵게 얻은 직장이기에 누구보다 최선을 다해 열심히 일한다. 특급 P호텔에 근무하는 이상혁 씨는 국내 1호 발달장애인 호텔리어다. 호텔 객실 팀에서 침구류의 세탁과 정리를 담당하는 그는 누구보다 성실하게 업무를 처리하고 있다.

그는 대학에서 경영학을 전공했지만 그간 주어진 일은 잡다한 청소나 아르바이트뿐이었다. 하지만 관련 기관의 도움으로 60세 정년까지 일할 수 있는 호텔의 정규직 일자리를 얻게 되었다. 그의 성실한 근무 태도 덕분에 직장에서의 장애인에 대한 편견이 깨지면서 이후로 다른 장애인들이 추가 고용되기도 하였다. 그 결과 P호텔은 한국장애인고용공단으로부터 트루컴퍼니상을 수상했다.

2018년 5월부터 직장 내 장애인 인식 개선 교육이 강화되었다. 법정 의무교육이 된 거다. 편견을 없애기 위한 정책이다. 장애인 고용 촉진 및 직업 재활법을 개정(제5조의 2)함으로써 생긴 변화다.

기업은 이윤 창출만으로 세상에 기여하는 것이 아니다. 인식 개선을 통해 장애인들의 일자리를 만들고, 그들에게 기회를 주는 것도 무척 중요한 이윤 창출이고 사회 공헌이다. 보다 많은 기업의 적극적이고 전향적인 협조가 앞으로는 다양한 곳에서 이뤄졌으면 하는 게 개인적인 바람이다.

아울러 형식적인 행사가 아닌, 실질적인 교육이 현장에서 있었으면 좋겠다. 그래서 장애인 강사들의 활동이 활발해지고 새로운 직업 영역이 생기는 결과도 조심스레 기대해본다.

나는 예쁜 아내와 결혼했고, 자녀도 셋이나 있다. 작품 활동과 강연으로 세상의 무지와 편견, 그리고 차별을 없애기 위해 죽을 때까지 노력할 것이다. 그건 장애인은 우리 사회의 또 다른 잠재력이고 경쟁력이라 믿는 까닭이다. 그들이 쉽게 포기하지 않고 직장에서 실력을 인정받으며 행복하게 사는 것은 마땅한 일이다.

장애인의 교육, 취업, 결혼이 너무나 당연해서 질문거리도 되지 못하는 사회야말로 250만 장애인과 그의 가족들이 간절히 꿈꾸는 더불어 사는 세상이다.

여수 가던 날

"네? 비행기가 결항이라고요? 이렇게 날씨가 좋은데요?"

"서울에 바람이 분다 합니다. 그래서 결항이니까 다른 교통 편을 이용하세요. 항공료는 환불됩니다."

여수공항에서 나는 소위 '멘붕(멘탈 붕괴)'을 경험해야 했다.

그날은 멀리 여수까지 강연을 간 날이었다. 기업 직원들 워크숍에 특강 강사로 초대받은 날인지라 며칠 전부터 나는 어떻게 여수에 가면 좋을까 방법을 궁리했다. 제일 좋은 방법은 비행기를 타고 가서 비행기로 돌아오는 것이다. 시간 절약이 돼서 빠르게 집에 돌아와 오후에는 밀린 원고를 마감할 수 있기 때문이다.

물론 비행기 이용 비용이 다른 교통수단에 비해 비싸지만 그날 강사료가 두둑했기에 그 정도는 투자할 만한 일이었다. 김포공항까지 내 차를 직접 운전해 간 뒤 비행기를 이용해 여수에 도착해 강연을 성공적으로 마무리했다. 그리고 기분 좋게 점심을 먹고서 공항에 왔는데, 이런 상황이 벌어진 거였다.

나 말고도 많은 사람이 공항에 왔다가 황급히 여수역이나 고속버스 터미널로 달려갔다. 나도 역시 여수역으로 가야 되는 상황이었다. 서둘러 택시를 타고 여수역에 도착해보았지만 서울 가는 KTX가 나를 시간 맞춰 기다리고 있을 리 없었다. 두어 시간을 역에서 더 기다려야 할 판인데, 나는 무슨 수를 써서라도 빨리 서울로 가는 것이 최고의 목표였기에 다른 방법은 없는지 역무원에게 물었다.

"제가 급해서 그런데요, 빨리 가는 다른 방법이 있을까요?"

그러자 무궁화호를 타고 익산까지 가서 목포에서 올라오는 기차를 타면 1시간 정도 시간이 절약된다는 것이 아닌가. 나는 그렇게 하기로 결정했다. 무궁화호 기차를 타고 여수를 떠나 익산에서 KTX로 갈아타고 마침내 서울에 도착했다.

그러나 문제는 이제부터 시작이었다. 당시에 KTX 호남선은 용산역이 종점이었기 때문이다. 서울엔 무사히 도착했지만 내 차는 김포공항에 주차되어 있었다. 서둘러 김포공항 쪽으로 다시 가야만 했다.

하루종일 시달린 나는 지친 몸을 이끌고 용산역에서 나와 휠체어에 탄 채로 택시를 잡으려 했다. 택시들은 장애인인 나를 보자 모두들 태워주지 않으려고 서로 눈치를 보는 것 같았다. 그러나 포기할 수는 없었다. 내 차 없이 집에 그냥 돌아가면 당장 다음날 일정을 소화할 수 없기 때문이다. 손을 들고 길가에 마냥 서 있었더니 마음씨 좋은 택시기사 아저씨가 차를 세워 주었다.

"어디로 가세요?"

"김포공항 갑니다."

택시가 출발하자 나는 긴장이 풀려 오늘 처한 일을 기사 아저씨에게 이야기했더니 그분이 껄껄 웃었다.

"정말 대단하십니다. 다른 사람 같으면 포기하고 여수에서 하루 자고 올 텐데요."

"저도 그러고 싶었는데, 내일 또 일정이 있어서요."

생각해보니 여수에서 하루 자고 맛있는 회도 먹고 바닷바람도 쐬고 왔다면 얼마나 멋있었을까. 서울 오는 걸 포기했다면 가능했을 일이었다. 포기는 달콤한 법이다. 모든 긴장과 압박과 스트레스에서 자유로워질 수 있기 때문이다. 그러나 그렇게 쉽게 살아서는 이룰 수 있는 일이 없지 않은가.

복잡한 퇴근길 서울 시내 교통 상황을 뚫고 저녁 7시에 나는 김포공항에 도착하였다. 비행기를 탔으면 1시간 만에 올 곳을

5시간을 걸려 도착한 것이다. 고픈 배를 부여잡고 서둘러 집으로 향했다.

하루를 돌아보니 그날 나는 비행기, 무궁화호, KTX, 택시, 그리고 나의 차까지 탔으니 배를 빼고는 육상 교통수단을 거의 다 이용한 셈이다. 그렇게 생각하니 저녁 9시가 되어서야 집에 도착하였지만 마음이 뿌듯했다. 발생한 문제를 대처 방법을 바꿔가며 무사히 해결한 결과가 '집에서 뜨거운 물에 몸을 담근 나의 모습'이었다. 애초에 계획한 대로는 되지 않았지만, 포기하지 않았기에 결국 하루를 성공적으로 마감할 수 있었다. 그것은 포기가 주는 편안함과는 완전히 다른 편안함이었다. 성취감에서 오는 편안함이라고나 할까.

가끔 이날의 이야기를 강연에서 하면 모두들 감동하고 박수를 쳐준다. 나는 이렇게 해서 또 하나의 인생 스토리를 얻은 셈이니 얼마나 좋은가.

'공짜'는 없어

: 노력 근육이 자라고 있어!

팔씨름 왕

"야, 한판 붙어."

또 한 녀석이 나에게 쉬는 시간에 도전장을 내밀었다. 나는 어려울 것 없다는 듯 오른팔을 책상 위에 걸쳤다. 녀석의 손을 잡자마자 0.1초 만에 꺾어버리는 나의 강력한 파워.

"에이 씨!"

녀석은 아쉽다는 듯 자기 자리로 돌아갔다. 교실 뒤쪽에 앉아 있는 우석이는 화장실에 갔다 올 때마다 이렇게 나에게 팔씨름 도전을 하고, 그때마다 번번이 꺾였다. 그런데도 포기하지 않고 계속 도전하는 거였다.

나는 초·중·고등학교를 다닐 때 팔씨름 왕이었다. 누구에게도 져본 적이 없었다. 적당히 센 것이 아니라 또래들에 비해 무지막지하게 강했다. 팔씨름은 손을 맞잡을 때 이미 승부를 짐작할 수 있다. 상대방의 악력을 느끼면 이길지 질지 판단이 가능하다.

일단 나는 악력이 무지막지하다. 사람들은 나에게 손이 꽉 잡히면 그 순간 피가 통하지 않고 힘을 쓸 수 없다는 말을 많이 한다. 그리고 스타트가 엄청 빠르다. 시작되자마자 최단 시간 안에 상대방의 승기를 꺾어야 이길 가능성이 커진다. 상대가 힘도 줘보기 전, 눈 깜빡할 사이에 승부가 나버린다. 이것이 나의 노하우다.

사실 팔씨름을 노하우만으로 이길 수는 없다. 내가 전교 팔씨름 왕이 된 데는 이유가 있다. 몸무게가 많이 나갈수록 힘이 세다고 하지만 고등학교 때 나의 몸무게는 고작 40킬로그램이었다. 장애가 있기에 하반신은 근육조차 없어서 몸무게가 다른 친구들만큼 나갈 수 없었다. 그런데도 팔씨름 왕이 된 이유는 단 하나, 매일 목발을 짚고 학교를 걸어 다녔기 때문이다.

목발로 다리 역할을 대신 하고, 뿐만 아니라 상체만 이용하여 생활하다 보니 팔 근육이 강화될 수밖에 없었다. 어려서부터 팔을 써온 나로서는 또래 녀석들과 팔씨름으로 승부를 내는 것은 어려운 일이 아니었다. 한마디로 나는 평소 생활 중에 팔운동을 계속하고 있던 셈이었고 삶이 곧 운동이었다. 그렇게 운동했으니 팔씨름에서 이길 수밖에. 다른 아이들은 나처럼 팔을 단련될 만큼 쓰지 않았다. 그래놓고 왜 건강한 몸을 가진 자기가 장애를 가진 나에게 팔씨름을 지는지 납득할 수 없다는 것이다.

운동이야말로 공짜가 없는 분야다. 한 번이라도 더 연습한 사람이 더 나은 성과를 내는 법이다.

우리 반에는 킥복싱을 하는 작은 친구가 하나 있었다. 이름은 명오. 중·고등학교 시절의 학급은 덩치로 상대를 제압하는 정글이나 마찬가지인데, 그 녀석은 반에서 키가 작은 축에 속했다. 그러나 몸은 날렵했는데, 나중에 알고 보니 킥복싱을 한다는 것이 아닌가.

그렇더라도 덩치 큰 아이들은 꼬맹이가 킥복싱을 해봐야 얼마나 하겠냐며 대놓고 무시하는 일이 많았다. 그러던 어느 날 참다못한 명오는 덩치가 자기 두 배나 되는 녀석에게 도전을 선언해버리고 말았다. 방과 후 신촌역 뒤에서 만나자고 말이다. 아마도 활극이 벌어졌을 건데, 나는 가서 볼 수는 없었다.

그다음 날 학교에는 놀라운 소문이 퍼졌다. 신촌역 뒤에서 만난 명오와 뚱보 녀석이 한판 붙자 1초 만에 승부가 났다는 것이다. 눈에 보이지 않을 것처럼 빠른 명오의 원투 스트레이트에 뚱보가 그대로 쓰러져버린 거다. 교실의 자기 자리에 조용히 앉아 있는 뚱보 녀석은 눈탱이가 밤탱이가 되어 아무 말이 없었다.

나중에 나는 명오에게 물었다.

"넌 어떻게 그렇게 주먹이 강하니?"

명오는 아무것도 아니라는 듯 말했다.

"권투의 기본은 원투 스트레이트잖아. 나는 원투 스트레이트를 밥을 먹을 때마다 연습했어."

그게 무슨 말인가 들어보니 녀석은 아침밥을 먹기 전에 원투 스트레스를 몇 번 허공에 날리고 밥을 먹었단다. 집에 가서 저녁밥을 먹을 때도 원투 스트레스를 날려본 다음에 밥을 먹는다는 것이다. 한마디로 원투 스트레이트가 밥 먹듯 습관이 되었다. 연습하면 할수록 빨라지고 강해지는 것을 느끼며 녀석은 강한 돌주먹을 갖게 되었다.

이런 성과는 절대 공짜로 얻은 것이 아니다. 공부를 열심히 해서 전교 1등 한 우등생은 그만큼 많은 시간을 공부에 투자한다. 살 빼서 다이어트에 성공한 날씬이는 먹고 싶은 음식과 야식을 끊고 운동했기에 자신의 목표를 달성한 거다. 친구가 많고 인기 좋은 아이들은 타인의 부탁이나 그들을 위한 일에 시간과 노력을 아낌없이 제공했기에 그렇게 된 것이다.

관계 맺음도 마찬가지 아닐까. 좋은 인간관계를 쌓는다는 것은 먼저 마음과 시간을 내주고 희생해야만 가능한 일이리라.

이 세상에 쌓여 있는 수많은 금자탑은 절대 저절로 이뤄진 게 아니다. 모두 노력에 의해 만들어진 것이다. 엄청난 길이의 중국 운하도 스스로 파여서 물이 흐르게 된 게 아니라 누군가가 한 삽 한 삽 흙을 파낸 결과물이다. 무거운 왕관을 머리에 이고 싶은 사람은 그 왕관의 무게까지 견뎌야 하는 법이다.

"야! 한판 붙어."

몇 개월 뒤 또 우석이가 나에게 도전장을 내밀었다. 이번엔 쉽게 이기기 어려웠다. 그 녀석이 꾸준히 노력해서 힘을 길렀기 때문이었다.

공부를 못해도
부자는 될 수 있다

부모들 중에 참 많은 분들이 아이에게 공부를 열심히 해야 하는 이유를 "돈 많이 벌어서 부자가 되기 위해서"라고 말한다. 공부를 열심히 해야 좋은 대학에 갈 수 있고, 좋은 대학을 나와야 좋은 직장을 얻으며, 좋은 직장에 들어가야 출세하고 성공하며 부자가 된다는 거다. 한마디로 공부는 부자로 가는 지름길이며 성공의 열쇠인 셈이다.

아주 틀린 말은 아니다. 우리 주위를 보면 안정된 삶을 살며 전문직에 종사하는 사람들의 대부분이 공부를 잘했던 건 맞다. 의사, 판, 검사, 변호사, 대학교수 같은 직업은 공부를 못하고서는 갖기 어려운 직업들이다. 그들은 대개 자신들의 전문직을 이용해 경제적인 여유를 누리며 살아간다. 그렇지만 지금 세상은 끊임없이 변하고 있다. 부자가 되는 길이 꼭 공부를 잘하는 것에만 묶여 있지 않다.

나 역시도 예전엔 돈을 벌려면 작가가 되어서 나의 책을 열심히 팔아 인세 수입을 올려야만 했다. 독자들보다 공부를 열심히 하지 않고서는 내 책을 읽어줄 사람이 없기에 어떤 면에서 보면 작가라는 직업은 공부를 잘해야 유리한 직업일 수도 있다.

우리가 살아온 화폐경제 시대를 돌이켜보면 공부를 잘해야한다는 기준은 분명히 맞는 것이다. 《앨빈 토플러 부의 미래》라는 책에서 미래학자인 저자는 화폐경제 사회에서 부자가 되려면 다음의 일곱 가지 방법이 있다고 제안했다. 정리하면 다음과 같다.

첫 번째, 팔 수 있는 무언가를 만들어라. 물건을 만들어 판다면 그는 부자가 될 것이다.

두 번째, 직장을 구하라. 일을 하여 그 일한 보상으로 돈을 받으면 부자가 될 수 있다.

세 번째, 상속을 받아라.

네 번째, 선물을 받아라. 남에게서 무언가를 받으면 부자가 될 수 있다.

다섯 번째, 결혼하거나 재혼하라. 돈 많은 부자와 결혼하면 바로 부자가 될 수 있다.

여섯 번째, 복지혜택을 받아라. 정부에서 주는 돈은 많지 않지만 그 역시도 가만히 있는 것보다는 낫다.

일곱 번째, 훔쳐라. 이것은 범죄자의 첫 번째 수단이면서 가난한 사람이 할 수 있는 마지막 수단이기도 하다.

이 가운데 대부분의 것들은 공부를 잘해야 얻을 수 있는 것이다. 팔 수 있는 무언가를 만들려면 실력이 있어야 되고, 기술이 있어야 한다. 대개의 직장은 시험을 봐서 합격해야 들어가고, 부모의 재산을 상속받으려면 마음에 들게끔 효도하거나 모범적인 사람이라야 가능하다. 결혼하는 것 역시도 좋은 직장, 좋은 학벌이 있는 사람과 결혼했을 때 돈과 연관되는 지점이 생긴다.

결국 과거 화폐경제 시대에는 상당히 많은 요소가 능력과 성적에 의해 좌우되었다. 그렇기에 공부 못하는 사람은 공부 잘하는 사람들의 뒤치다꺼리를 할 수밖에 없다고 생각한 것도 어떤 면에선 아주 틀린 생각은 아니다.

하지만 지금 시대는 어떤 사회인가? 지식정보 사회로서 고도의 인터넷 망을 통해 전 세계가 하나로 연결되어 있다. 다시 이야기하면 새로운 형태의 부의 창출이 가능해졌다는 의미다. 요즘 누가 돈을 벌었는가를 유심히 살펴보면 대개 인터넷 기반의 회사들이 큰 성공을 거두고 있다. 중국의 알리바바, 아마존, 페이스북, 구글…….

뿐만 아니라 자신만의 재미난 아이템들을 모아놓은 홈페이지로도 돈을 벌 수 있다. 특이한 기호를 공유하는 동호회를 만들거나, 여러 사람들이 이용하기 편리한 어플리케이션을 만들어서 광고를 유치한다거나 스폰서를 얻고, 또는 그렇게 키운 회사를 팔아서 이윤을 남겨 부자가 되기도 한다.

심지어는 과거 부시 대통령에게 신발을 던진 아랍 기자에게서 아이디어를 얻어 게임을 만들어 오천만 원에 팔았다는 사람도 있다. 어디 그뿐인가. 유튜브가 득세하면서 콘텐츠를 만들어 올리는 크리에이터들이 부와 명예를 쌓고 있다.

일례로 J.fla(제이플라)라는 한국의 유튜브 뮤직 크리에이터를 살펴보자. 그녀는 주로 팝 장르의 유명곡을 따라 부르는 커버 영상을 업로드하고 있다. 많은 사람에게 사랑받았던 기존 곡을 자신만의 개성 있는 스타일로 다시 노래한 그녀의 영상은 전 세계의 수천만 명이 구독하고 있다. 이것으로 수억대의 수입을 얻는다니 정말 예전엔 상상도 할 수 없었던 일이다.

이러한 요소들은 앞에서 열거했던 일곱 가지와는 전혀 다른 방법이다. 한마디로 얘기해서 미래사회 부의 창출은 꼭 공부를 잘하거나 지식을 쌓는 것만으로 되는 것이 아니다. 자신만의 아이디어, 독특한 경험들이 돈이 된다.

심지어는 어려운 일을 쉽게 해결하는 노하우도 가치 있게 여겨진다. 유튜브에서는 손쉽게 아이디어 상품을 만드는 법이나, 쉽고 빠르게 음식을 만드는 방법, 청소를 몇 가지 도구로 쉽게 하는 방법 등 다양한 콘텐츠들이 주목을 받는다. 이런 콘텐츠들은 남에게 공개한다고 해서 자신이 갖고 있는 기술이나 능력이 없어지는 것이 아니다. 다수의 사람에게 지혜를 나눠줌으로써 부를 축적한다니 얼마나 놀라운 경제 원리인가!

그렇게 본다면 다가올 시대에는 공부를 못한다고 기죽거나 뒤로 물러날 필요가 없다. 자신만의 분야, 독특한 아이디어를 고민하고, 그것을 실현하기 위한 노력과 열정만 있다면 얼마든지 능력을 발휘할 수 있다.

그러려면 남과 다른 생각을 하고, 남과 다른 시각으로 세상을 봐야 한다. 그러한 괴짜들이 부자가 되고 성공하는 시대가 열렸다. 인터넷을 통해 작은 클립 하나를 타인의 물건과 물물교환하기 시작해서 최종엔 집으로 바꾼 청년의 이야기를 들어본 적이 있을 것이다.

이것만 봐도 요즘엔 공부 이외의 또 다른 능력이 요구된다는 걸 알 수 있다. 다른 말로 하자면 '창의성'일 수도 있고 '남과 다른 생각'일 수도 있다. 그것은 단순 암기식 공부와는 크게 상관이 없지만, 이 역시도 오랜 시간 노력하면서 자신만의 능력을 길러야 가능한 부분이다. 어떤 문제나 결핍 등에 민감함을 가져야 하고, 특정 아이디어를 현실화할 수 있는 꾸준함이 필요하다. 공부하기 싫다면 다른 분야에서 공부보다 더욱 열심히 노력할 각오가 되어 있어야 한다는 뜻이다.

호기심의
승리

부모들은 아이들의 공부를 위해서 집중력과 끈기를 강조하며 학원에도 보내고, 관련 과목 연계 캠프에도 보내곤 한다. 그리고 본인의 어릴적 경험을 강조하면서 한 우물만 파라든가, 한 가지 일만 열심히 하라는 말을 많이 한다.

사실, 하나에 집중해서 열심히 해야 뭔가를 이룰 수 있다는 것은 맞는 말이다. 평생을 하나만 열심히 파고 파도 남들보다 잘하기가 어렵기 때문이다. 대부분의 위인들이나 성공한 사람들을 보면 정말 그들은 우직하게 한 우물만 팠고, 결과적으로 그 분야 최고의 위치에 올라선 경우가 많다.

그렇지만 성공한 사람 중엔 다양한 분야에 관심을 가지고 호기심을 느끼는 사람들도 있게 마련이다. 하지만 성공하기 전까지는 그런 사람들의 대부분이 '진득하지 못하다'든가 '산만하다'는 핀잔을 듣는다.

나의 경우도 어려서부터 다양한 분야에 관심을 많이 가졌다. 그림 그리는 것을 좋아했고, 각종 만들기에도 재주가 있었으며, 친구가 기타 치는 것을 보고는 독학해서 꽤 연주도 잘했다. 책을 열심히 읽었고, 사회의 다양한 분야에 관심 또한 많았다.

뿐만 아니라 고등학교 때 이과 공부를 하다가 문과인 국문과를 진학했던 터라, 문과 전공자인 주변 사람들보다 자연과학적인 이해도 역시 앞선다. 자연계나 이공계와 관련된 책도 관심이 있어서 필요할 때면 찾아보곤 한다. 과학에 대한 관심 역시 늘 나를 구성하는 요소 중에 하나다.

내가 이렇게 다양한 호기심과 궁금증, 관심을 갖게 된 것은 아마도 성향 때문인 듯하다. 작가가 되어 다양한 글을 쓰다 보니, 그러한 관심과 호기심이 정말 큰 도움이라는 생각을 한다.

그런 것만 보더라도 어른들이 '진득하게 한 분야만을 파라'고 하는 말은 일부는 맞는 말이지만, 일부는 틀린 말이기도 하다. 요즘은 오히려 다양한 분야에 대해 골고루 아는 것이 많은 박학다식(博學多識)한 사람이 인재로 대접받기도 한다. 웬만한 지식과 정보는 손에 늘 들고 다니는 스마트폰으로 다 검색이 되기 때문이다.

지금은 고인이 된 고우영 화백은 정말 박학다식하고 잡기에 능한 사람이었다. 그는 이렇게 말했다.

"거의 하루도 빠짐없이 18년을 연재하면서 소재를 얻기 위한 노력은 24시간도 모자랐을 정도다. 거짓이 아니라 꿈에서 있었던 일도 그럴듯하면 줄거리로 옮기는 일이 비일비재했다. 그렇게 그린 만화들이 지금은 100여 권이 넘는 책들로 내 책장에 꽂혀 있다. 좀 더 견문 쌓기를 해볼 생각이다. 만화가는 늙어서도 뛸 수 있기 때문이다."

요즘 아이들은 잘 모를 수도 있지만, 고우영 화백은 한 시대를 풍미한 장인이다. 많은 고전작품을 자신의 스타일로 해석해 만화로 그려냈다. 그의 《삼국지》나 《수호지》는 지금까지도 사람에게 사랑받고 있는 매우 좋은 작품이다.

이런 고우영 씨라면 몰입해서 오로지 만화만 그렸을 것 같지만 그렇지 않다. 그는 젊어서부터 오만 잡기에 능했던 사람이다. 낚시의 달인이었고, 사냥과 여행, 각종 스포츠에 심취해 있었다. 어려서부터 그러한 것을 즐겼을 뿐만 아니라 나이가 들어서도 다양한 분야에 대한 관심을 놓지 않았고 해외여행도 무척 많이 다녔다.

그는 가난한 집안의 형편 때문에 일찌감치 만화를 그려서 돈을 벌었지만, 항상 사람들과 어울려 취미를 즐겼다. 또한 이러한 다양한 관심사들을 자신의 작품 속에 담아냈다. 심지어

권투까지 배워서 격투기 만화도 그렸고, 나이가 들어서는 골프에 깊이 빠져들었다. 뿐만 아니라 식도락에도 관심을 가졌고, 다양한 독서를 통해 작품의 아이디어와 기초를 마련했다.

그 결과로 덕분에 그는 당대의 대가가 되었다. 오늘날 만화를 대중의 사랑을 받는 장르로 만든 데에는 고우영 화백의 공이 크다. 그는 경험과 관심, 그리고 호기심을 작품에 담아냄으로써 독자들의 공감을 얻는 훌륭한 작가로 지금까지도 우리에게 기억되고 있다.

이것을 보더라도 호기심이 많고 여러 분야에 관심을 가지는 성향을 억누르거나, 한 분야로만 관심을 모으라고 강요할 필요가 없다. 나 역시도 어릴 때는 물론 어른이 되어서도 그림과 다양한 잡기에 관심을 가졌는데, 작가가 되고 나서 보니 그 모든 관심과 호기심이 내 창작에 큰 도움을 주었다.

한마디로 호기심의 승리다.

뭔가를 사랑하고
좋아하는 것

공부 이외의 것에 관심을 보이면 어른들은 야단치고 꾸짖는다. 성적을 올리는 데 도움이 되지 않는다는 이유에서다.

내 주변에서도 그런 자녀를 둔 부모님들의 한숨 섞인 말을 꽤 듣게 된다. 자녀가 연예인에 빠져 있다는 둥, 쓸데없이 무슨 모형을 만드는 것을 지켜보려니 화가 나서 못 견디겠다는 둥, 돈도 안 되는 것을 모아대서 걱정이라는 둥……. 부모들의 하소연은 끝이 없다.

부모 된 입장에서는 공부하고 책을 봐야 할 아이들이 별 도움 안 될 것 같은 일에 시간을 보내니까 초조하고 안타깝기도 하리라.

하지만 꼭 쓸데없어 보이고, 하잘것없어 보인다고 해서 가치 없는 일이라고 판단할 수는 없다. 때로는 그러한 일들이 쌓여서 한 사람의 운명을 바꿀 수 있다.

나는 어렸을 때 우표 수집을 했었다. 처음에는 한두 장씩 모으다가 점점 관심을 갖게 되니까 정보망과 네트워크가 형성되면서 여러 가지 정보를 얻을 수 있었다. 누가 우표를 많이 가지고 있다든가, 어디 가면 희귀한 우표를 구할 수 있다든가 하는 것이었다.

그런 새로운 소식을 듣게 될 때마다 네트워크를 통해서 만난 사람과 우표를 교환하든가 구매하면서 우표의 양이 점점 더 늘어갔다. 나중에는 어떤 우표가 언제 것이며, 어떤 의미를 가졌는지 알게 되면서 상식도 덩달아 많아지게 되었다.

그 무렵, 아버지가 베트남전쟁에 참전하는 바람에 수시로 국제우편 편지를 받게 되었다. 베트남의 우표들은 한국의 우표들과는 다른 매력을 갖고 있었다. 독특했다. 미국 우표도 그렇고. 전 세계 우표를 교환을 통해 다양하게 모으기 시작하니까 우표에 대한 안목이 높아지고, 관심이 점점 더 깊어졌다. 남들보다 제법 많은 우표를 모았던 추억은 지금도 수집에 대한 기쁨으로 남아 있다.

일본에는 '오다쿠(おたく, otaku)'라는 말이 있다. 우리나라 젊은 친구들은 이 말을 줄여서 흔히 '덕후'라고 하는데 어느 한 분야

에 깊게 파고들어서 완전히 전문가가 되다시피 한 사람을 말한다.

그런 오다쿠들이 있기 때문에 제품이나 물건을 더욱더 완벽에 가깝도록 좋은 품질로 만들 수 있는 것이 일본의 강점이다. 개발자만큼이나 전문적인 지식을 자랑하는 오다쿠들이 상품의 부족한 부분을 족집게처럼 찾아내기 때문이다.

누구든 각자 다양한 분야에 애호하는 것이 있다면, 그건 좋은 거다. 그것이 사회와 구성원들에게 좋은 영향을 줄 수 있다. 좋은 성과를 얻거나 돈 버는 데에 도움 되는 것만 우리가 관심을 가진다면 삶은 너무 우울할 거다.

선사시대를 발견한 대표적인 사람은 덴마크의 사업가인 크리스티안 위르겐센 톰센이다. 우리가 수업시간에 배워서 알고 있는 선사시대, 석기시대, 청동기시대, 철기시대라는 시대 구분은 누가 처음 했을까? 놀랍게도 톰센이 한 거다.

톰센은 그러면 위대한 고고학자였을까? 천만에. 그렇지 않다. 그는 매우 평범한 사람이었다. 그저 아마추어로서 고고학에 관심을 갖고 있었을 뿐이다. 그는 신기한 물건을 모으고 수집하는 것을 좋아했으며, 여섯 아들 가운데 장남으로 태어나 사업가의 꿈을 키우며 성장했다. 당연히 사업가로서의 삶에 필요한 공부만 했을 뿐이다.

그는 프랑스혁명 중에 파리로 갔다가 돌아온 덴마크 영사의 가족을 알고 지냈다. 열다섯 살 때 그 영사의 골동품 짐을 푸는 것을 도와주게 되었는데, 그 대가로 영사가 옛날 화폐를 몇 개 주었다. 이때부터 톰센은 오래된 화폐를 모았는데, 몇 년 지났을 즈음엔 이미 전문 수집가 수준이 되었다. 이후로 그는 화폐를 보는 안목을 계속 키웠다.

당시 코펜하겐의 덴마크 골동품 보존기구에는 시민들이 여기저기서 기증하거나 보내온 골동품들이 쌓여만 갔다. 늙은 관리인은 수십, 수백, 수천 가지의 골동품들을 쌓아 놓기만 할 뿐, 어떻게 분류해야 할지 몰랐다. 그것들을 살펴보고 분류할 수 있는 안목과 지식이 없었기 때문이다.

급기야 이를 분류해서 전시해야 할 사람이 필요했는데, 이때 27세였던 톰센에게 기회가 주어졌다. 톰센이 수집한 동전을 체계적으로 잘 정리 정돈했다는 소문이 났기 때문이다.

그는 학위도 없고 과학적인 식견이나 자격도 없는 사람이었다. 단지 옛날 물건을 좋아하고 사랑한다는 이유만으로 골동품 보존기구의 관리 책임자가 되었다. 수없이 많은 물건들이 정리되지 않은 채로 창고 선반에 가득 쌓여 있는 것을 분류할 책임이 주어진 거였다.

그때만 해도 박물관이 없었기 때문에 이전까진 그 누구도 이러한 오래된 물건을 정리해본 적이 없었다. 예산도 없고, 도와줄 사람도 없는 상태에서 톰센은 가장 순수하고 일반적인 방식으로 이것들을 분류했다. 상자를 열어 물건들을 돌 종류와 금속 종류, 도자기 종류 등으로 일단 재료를 기준으로 나눴다. 그리고는 또다시 무기냐, 음식물을 담았던 그릇이냐, 도구냐 등의 용도별로 나눴다. 물건을 아무리 살펴도 그게 어디에 썼던 것인지 알기 어려운 물건들이 많았기 때문에 그는 스스로 머리를 써가며 분류하였다.

결국 1819년에 그는 박물관을 개관했다. 많은 사람이 그가 첫 번째 전시실에는 돌로 된 유물을, 두 번째에는 청동 유물, 그리고 세 번째에는 철기로 만들어진 유물을 전시한 것을 보게 되었다. 이러한 분류 기준은 철저하게 아마추어적인 관점으로 그가 생각해낸 거였다. 돌이 가장 오래되었고, 청동기가 그 다음이고, 철기가 맨 나중일 거라고 추측한 거였다.

이 기본 아이디어는 그의 머릿속에서 나온 것이지만, 결국 고고학자들에게 이 아이디어가 전달되어 훗날 선사시대를 구분하는 뛰어난 통찰력의 정석이 되었다.

이처럼 어떤 분야를 좋아하고 사랑하다 보면 자연스럽게 그 분야의 전문가가 되는 법이다. 굳이 학벌이나 학위가 필요하지 않다. 사랑하고 깊이 좋아한다면 그 물건의 본질과 형태를 자연적으로 깨달을 수 있게 되는 거다. 한마디로 도가 트는 거다.

취미와 흥미로 깊이 빠지는 것은 때로 우리 사회의 발전을 도모하는 훌륭한 일이기도 하다. 나 자신이 중독성이 강한 취미나 흥미를 가지고 있더라도 그것이 남에게 해를 끼치는 것이 아니고, 나 자신을 파괴하는 것이 아니라면 꾸준히 깊이 있게 관심을 가지고 영역을 확장해보면 좋겠다.

어린 시절에 모아놨던 우표 중에서 어느덧 40년이 지나 몇십만 원까지 가치가 상승한 우표가 나오는 걸 보면, 뭔가를 아끼고 좋아하는 힘이 정말 놀랍다는 생각을 하게 된다.

마음이
너무 여린가?

~~~~~~~~~~~~~~~~~~~~~~~~~~~~~~~~

요즘 만나는 젊은 친구들이나 어린 학생들을 보면 대개 마음
이 너무 여리고 의지가 약하며 강단도 부족한 것 같다. 가끔 학
부모들을 만나서 자녀들에 대하여 말하는 걸 들어보면 우리
애는 착해빠지고 헝그리 정신이 없다, 좀 독해야 되는데 그렇
지 못하다, 의지가 박약하다는 등의 이야기를 한다. 과거와 다
르게, 경제적 윤택함이 죽기 살기로 뭔가를 해보겠다는 악착같
음을 많이 흐려지게 만든 것 같다.

　미국이나 유럽 지역을 가보면 사람들 개개인은 참 순진해보
이고 어떨 땐 약간 바보같이 느껴지기도 한다. 다들 개개인의
삶에 충실하면서 소소한 행복을 소중히 여기며, 그저 주어진

여건에 만족하면서 사는 것 같다. 독하게 뭘 하겠다고 이를 악물고 이뤘다는 사람을 만나기가 어렵다. 삶의 여유가 있는 선진국에서 살아왔기 때문일까?

나 같은 우리 부모 세대는 아무래도 독하게 노력해 뭔가를 이룬 사람들이 많았던 시절을 살았다. 전쟁도 겪었고, 식민지에서 벗어나 경제 개발을 이뤄야 했던 세대다 보니 그럴 수밖에 없었던 것이다. 아끼고 절약해야 가족을 부양할 수 있었고, 나의 가진 능력을 전부 다 쏟아부어야 간신히 연명할 수 있던 가혹한 시절이었다.

물론 자기 관리가 철저하고 찔러도 피 한 방울 나오지 않을 정도로 야무지게 사는 것도 중요하다. 하지만 모든 사람이 그렇게 살 수는 없다. 마음이 약하고, 착한 사람도 이 세상에는 필요한 거다. 그런 사람들이 있으니까 세상 속에 온정이 넘치고, 화목한 기운이 조금이나마 감돌 수 있다. 마음이 부드럽고 착하며, 인정이 넘치는 사람의 성향이 '바보 같다'며 비난받아서는 안 된다는 게 나의 생각이다.

공자의 제자 가운데 자고라는 사람이 있었다. 위나라에서 자고는 재판관이었는데, 한 남자가 범죄를 저질렀기에 다리의 힘줄을 끊으라는 벌을 내렸다.

그 이후에 위나라에 내란이 일어나 세상이 혼란스러워지자

자고는 목숨을 지키기 위해 도망치려고 국경의 관문 앞으로 갔다. 그런데 하필 그 성문지기가 과거에 벌을 받아 다리의 힘줄이 끊어진 사람이 아닌가! 성문지기는 자고를 금방 알아보고 절뚝거리며 다가와 물었다.

"저에게 형벌을 내린 분이 아니십니까?"

자고는 당황하며 자초지종을 설명했지만, 그가 바라는 대로 길을 열어줄 것 같지 않았다. 마음으로 절망하고 있는데 성문지기가 말했다.

"성벽이 무너지면서 생긴 길이 있습니다. 이곳으로 도망가시지요."

그러나 자고는 거부했다.

"군자가 그런 곳으로 비겁하게 넘어갈 수야 없지 않은가."

그러자 성문지기는 다른 길을 가르쳐주었다.

"그럼 이쪽에 개구멍이 있습니다. 이 밑으로 도망가시면 나갈 수 있습니다."

"나더러 개처럼 개구멍으로 드나들란 말이냐?"

성문지기는 할 수 없이 말했다.

"그러시면 빈 방이 있으니까 잠시 숨으십시오."

자고가 빈 방으로 숨고 뒤이어 추격대가 쫓아왔는데, 찾지 못하고 돌아갔다. 자고는 다시 관문이 열리는 시각까지 기다렸다가 탈출하기로 하였다. 그는 떠나기 전에 그 관문지기에게 물었다.

"나는 자네 다리의 힘줄을 끊으라고 명령을 내린 사람이네. 지금은 이렇게 힘도 없고 도망가는 처지이니 자네가 나에게 충분히 원한을 갚을 수 있었을 텐데, 왜 나를 도운 겐가? 이해할 수가 없네."

그러자 성문지기가 말했다.

"다리가 잘린 것은 저의 잘못 때문입니다. 다른 누구의 잘못도 아니지요."

"왜 나를 살려주었는가?"

"나으리는 저를 심판하실 때 법대로 처벌하셨지만, 그때 나으리의 얼굴 표정을 보니 차마 벌을 내리고 싶어 하지 않는 마음이 전해졌습니다."

"그, 그랬는가?"

"그렇습니다. 또 판결을 내릴 때도 나으리는 저를 동정하시고, 슬픈 얼굴 표정을 지으셨습니다. 제가 미워서 벌을 내리시는 게 아니란 걸 알았습니다. 저는 그저 저의 죗값을 받은 것뿐입니다. 그 누구의 탓도 아닙니다. 군자는 원래 '공'과 '사'를 구분하는 것 아니겠습니까? 나으리는 저를 공적으로 처벌하셨는데 제가 어찌 사적으로 원한을 품겠습니까? 그래서 저는 나으리를 도와드리는 겁니다."

자고의 이 이야기가 나중에 공자에게까지 전해졌다. 공자는 이렇게 말했다.

"관리란 늘 그런 마음을 가져야 하는 법이다. 법은 누구에게나 공평하게 적용시키되 벌을 내릴 때에도 상대방을 배려하고 불쌍히 여겨야 한다. 자고가 바로 그런 관리였구나."

자고는 마음이 약하고 인정이 있는 사람이었다. 하지만 잘못이 있는 죄인을 그냥 풀어줄 수는 없었다. 세상 이치를 어길 수는 없었던 거다. 공과 사를 구분해서 처벌했지만, 그 결과에 안타까워하는 인자함이 얼굴 표정으로 드러났고, 그로 인해 위기의 순간에 도움을 받아 목숨을 건질 수 있었다.

세상을 살아가는 데 있어 너무 철저하게 원칙적으로 점수나 성적을 매겨서 사람을 평가해서는 안 된다. 인정스러움이나 여린 마음은 눈에 보이는 성과는 없지만, 때로는 높은 가치를 지니기도 한다.

나 스스로 생각하기에 마음이 여리고, 고집이 없더라도 너무 자기 자신을 탓할 필요는 없다. 세상은 그런 사람을 '약하고 어리석다' 평가할지 모르지만, 언젠가는 그런 마음이 보상받을 수 있음을 기억하자.

하지만 자고가 그랬듯이, 공적인 일을 처리할 땐 사적인 감정이나 인정에 쏠려서는 절대 안 된다. 죄를 지었으면 벌을 받아야 하고, 공을 세웠으면 상을 받는 게 세상의 바른 이치다.

어려움을 모면하려고 편법을 쓰게 되고 꼼수를 노리게 되면 이후에는 더 큰 문제가 발생한다. 공짜를 바라지 말고, 독하게 노력하면서도 다른 사람의 노력과 능력에 대해서도 인정을 잘 해주고 마음이 따뜻하며 여린 사람, 그런 사람들로 요즘 세대가 성장한다면 정말 멋질 것 같다.

모든 일이
뜻대로 안될 때

사람은 욕심이 많은 동물이다. 무엇이든지 자기 뜻대로 하고
싶어 한다.

기사도 문학의 전형을 보여주는 작품《원탁의 기사》를 보면
란슬롯이 마귀에게 잡혀갔을 때 그를 구하려고 아더왕이 깊은
산속으로 찾아가는 대목이 나온다. 마귀는 찾아온 아더에게 수
수께끼를 풀면 란슬롯을 놓아주고, 풀지 못하면 계속 붙잡고
있겠다는 상황을 만든다. 이때 마귀가 낸 수수께끼가 무엇인지
아는가? 그건 바로 '이 세상 모든 여자들의 소원'이 무엇인지
알아오라는 거였다.

아더는 '이 세상 모든 여자들의 소원'이 무엇인지를 알아내

기 위해 여기저기에 물어보지만 어디에서도 답을 찾지 못했다. 금, 은, 보석은 많은 여자들이 원하긴 했지만 모든 여자들의 소원은 아니었다. 예쁜 옷, 부와 명예, 미모……. 그 어느 것도 모든 여자들의 소원은 아니었다.

수수께끼의 답을 찾지 못해 아끼는 부하인 란슬롯을 영영 구하지 못하게 될 것 같아 아더는 큰 실의에 빠진다. 마침내 기한이 다 되어 약속한 날이 되었다. 아더는 마귀를 만나러 가는 도중에 길가에서 구걸하는 거지 노파를 만난다. 마귀의 여동생인 그 노파는 아더에게 결정적인 답을 알려준다. 수수께끼의 답을 알게 된 아더는 당당하게 마귀를 만나러 간다.

마귀가 아더에게 물었다. '이 세상 모든 여자들의 소원'이 무엇이냐고. 그러자 아더는 웃으면서 다음과 같이 말했다.

"이 세상 모든 여자들의 소원은 남자들을 자기 뜻대로 다루는 것이다!"

그 말을 듣는 순간 마귀는 란슬롯을 내놓을 수밖에 없었다. 정답이었기 때문이다.

여자들의 소원이 남자들을 자기 뜻대로 다루고 싶다고 하는 것은 문학적으로 과장된 표현이기는 하다. 하지만 이 대목에서 우리가 알 수 있는 건, 남자든 여자든 간에 사람들은 대개 이 세상의 많은 일들을 자기 뜻대로 하고 싶어 한다는 사실이다.

회사에 다니는 직장인은 누구보다 빠르게 승진하고 싶고,

장사하는 사람은 돈을 많이 벌고 싶고, 학생들은 성적을 올리고 싶어 한다. 아니면 좋은 스마트폰이나 자전거를 가지고 싶어 할지도 모른다. 이처럼 사람이라면 누구나 가지고 싶은 것, 원하는 것, 되고 싶은 것들이 있다. 그렇지만 살아가면서 보면, 그 원하는 것들을 마음대로 이루지 못하는 경우가 더 많다. 왜 그럴까?

해답은 역시 아주 간단하다. 뭔가를 마음대로 하고 원하는 대로 하려면 대가를 지불해야 한다는 거다. 나의 노력이라든가 누군가의 양보, 혹은 이익의 상호 교환 같은 방법이 아니곤 아무것도 마음대로 할 수 없다. 성적을 올리려면 밤새 공부하는 노력이 필요하다. 최고급 스마트폰을 사고 싶으면 많은 돈을 내야 한다. 실컷 놀고 싶으면 엄마 아빠에게 허락을 받아야 하는 것과 마찬가지다. 그렇다 보니 이 세상에는 뜻대로 되는 것보다는 안 되는 것들이 대부분이다. 그럴 때 크게 실망하게 된다. 이때 실망감을 어떻게 다스리느냐가 그 사람의 인격 형성과 지적 성장에 큰 도움을 준다.

나의 경우는 어려서부터 장애가 있었기 때문에 이 세상 일이 뜻대로 안 된다는 걸 너무나 많이 경험했다. 할 수 있는 것보다 할 수 없는 것이 더 많았으니까. 마음껏 달릴 수도 없고, 산에 오를 수도 없고, 원하는 곳에 마음대로 갈 수도 없고, 동네 구경도 원할 때 할 수 없었다. 뭔가를 하고 싶다고 마음먹는 순간 나는 상처를 입기 십상이었다. 결국 혼자서 마음을 추스르는 수밖에 없었다.

그러다 어느 날 깨달았다. 뜻하는 바대로 안 되는 것을 속상해할 필요가 없다는 사실을. 있는 그대로 받아들이고 내버려두는 것이 좋겠다는 생각이 드는 거였다. 이룰 수 없는 것에 상처 입지 말고, 있는 그대로 지켜보는 것도 필요하다는 깨달음을 얻었다. 아름다운 것, 추한 것, 불쾌한 것을 있는 그대로 지켜보는 것도 욕망을 잠재우는 하나의 대처 방식이다.

미국의 유명한 자연보호자인 존 뮤어는 평생 동안 미국을 수없이 많이 여행하고 다녔다. 가정을 꾸려 돌봐야 할 딸들도 둘이나 있었지만 칠십 대 중반이 되도록 미국 곳곳의 산속과 계곡을 돌아다닌 사람이다. 그는 수많은 숲을 다니며 금광을 발견하고, 유명해졌기 때문에 글을 쓰거나 강연하면서 돈을 많이 벌기도 했다.

그는 자연을 너무 좋아했다. 있는 그대로의 자연을 좋아한 거다. 그렇기 때문에 자연을 보호하고 보전해야 한다는 생각이 컸다. 그는 삼천 년씩이나 된 메타세쿼이아 나무들을 다이너마이트로 폭파시켜 몇 초 만에 쓰러뜨리는 사람들의 무지함을 보고, 용기를 내서 온 국민들에게 이 사실을 알렸다.

그의 논리는 무엇이냐 하면, 한번 파괴된 자연은 되살릴 수 없을 뿐만 아니라 자연은 있는 그대로 놔두는 것만으로도 우리 인간들에게 많은 이익을 준다는 것이다. 나무와 풀, 강과 산, 들을 보면서 무언가를 해야만 직성이 풀리는 인간들에게 자연 그대로 보존하는 것이 더욱 중요하다는 사실을 가르친 거다.

그러한 생각과 신념을 가진 사람들의 오랜 노력의 결과로 미국은 현재 전 세계에서 자연보호가 잘 되어 있는 나라 중의 하나가 되었다. 미국이 엄청나게 개발되어 있는 것 같지만, 사실 도로를 내고 길을 닦고 건물을 지어서 개발한 면적은 전 국토의 2%밖에 되지 않는다. 98%의 땅이 자연 그대로의 모습인데도 전 세계에서 최강국이라니, 미국이 얼마나 강한 나라인지 알 수 있다.

우리나라의 산들을 보면 사람들이 오르기 편하게 등산로를 내고, 계단을 만들고, 각종 안내판을 설치해두고 입장료를 받는다. 산을 마음대로 주무르려는 인간의 마음이 그대로 드러난다. 뜻하는 대로 파헤치고 마음껏 헤집고 있는 것이다. 그렇게 마음대로 해본 다음엔 무엇을 할까? 또다시 새로운 욕구를 찾아 나서게 되리라.

내버려두고 보는 것. 물론 쉽지 않은 경지의 행동이긴 하지만 그러다 보면 내적인 성숙을 얻게 되고, 남을 고치거나 바꾸는 것이 아니라 자신의 내면을 바꾸겠다는 새로운 목표도 찾을 수 있을 것이다.

내가 원하는 것을 이루려면 대가를 지불해야 한다. 그런데 그 대가가 기꺼이 지불할 수 있는 것인지, 그리고 원해서 얻게 되는 것보다 더 크고 중요한 것을 잃고 있지는 않은지 신중하게 생각해야 한다.

내가
할 수 있는 일

나는 사남매의 장남이다. 어릴 때부터 동생들은 나의 영향을 강하게 받았다. 한마디로 내가 형제들의 리더였던 셈이다.

아버지는 가부장적이고 권위의식이 강한 직업군인이었다. 당시의 여느 아버지들처럼 가족들 위에 군림하고 있었다. 그만치 책임감도 강했지만, 아버지의 위압적인 기세에 눌려 우리 사남매는 두려움에 떤 적도 많았다.

반면에 어머니는 인자한 분이었다. 인내를 알고 희생과 헌신을 실천했기에 모든 걸 참고 견뎠다. 숱한 부부싸움이 있었음에도 우리 가정이 깨지지 않은 건, 어머니의 인내심 덕분이었다. 그래서 장남인 나는 어릴 때 집안 분위기가 온화하고 화목

했으면 좋겠다고 늘 소망했었다.

하루는 아버지와 어머니가 모처럼 시내로 외출을 했다. 아마도 부부동반 모임이 있었던 것 같다. 동생들과 집에 남은 나는 밤늦게 돌아올 부모님을 기쁘게 해줄 방법이 무엇일까 생각했다. 그 순간 소설《작은 아씨들》에서 네 자매가 누군가를 즐겁게 해주기 위해 서로 분업해서 집 안을 치우고 요리를 준비하던 것이 생각났다. 나는 동생들에게 말했다.

"엄마 아빠가 돌아오시면 즐거워하도록 우리가 집 안을 청소하고 정돈하자."

동생들은 매우 좋은 생각이라는 듯 일사불란하게 나의 지시에 따랐다. 당시 우리 집은 사남매가 어지르고 다녀서 언제나 난장판이었다. 정말 치워도 치워도 끝이 없을 정도로 심각한 수준이었다.

나는 장애로 인해 밖에서 놀지 못하기에 대부분의 시간을 집에서 책을 읽으며 보냈다. 많은 책을 읽다 보니 그 안에는 인간관계와 역할이 그대로 드러나 있다는 걸 알게 됐다. 예를 들면《톰소여의 모험》을 보면, 주인공 톰은 고아였다. 이모 집에 살면서 이모의 아들과 완전히 다른 차별을 받으며 자랐다. 그런데도 늘 어른들의 훈육과 상관없이 새로운 모험을 즐겼다. 절대 남들에게 굴하지 않았고, 스스로를 비하하지도 않았다.

어릴 적 책에서 보고 느끼고 깨달은 것은 곧 나의 행동에 영향을 미쳤고, 그것을 따라하면서 나는 성장했다. 한마디로 나는 직접경험 대신 간접경험을 폭넓고 다양하게 엄청 많이 한 셈이다. 이런 경험이 나를 리더십 강한 아이로 만들었다.

나와 동생들은 마음을 합해 물건들을 정리하고 방을 쓸고 닦으며 깨끗이 치웠다. 안방엔 밤늦게 돌아올 아빠 엄마를 위해 이부자리를 깔고 심지어는 은은하게 향수까지 뿌렸다. 집 안을 깔끔히 정리해 놓고 나자 아버지와 어머니가 집으로 돌아오셨다. 두 분은 우리들이 해놓은 걸 보고 기뻐하며 환하게 웃었다.

"어머, 너희들끼리 이렇게 집을 잘 정리해 놓았구나!"

그날 어머니와 아버지는 행복한 얼굴로 잠자리에 들었다.

그때 나는 깨달았다. 가족 간에 기쁨을 주는 일이 이런 작은 것으로도 가능함을. 사랑을 표현하는 방법은 돈을 주거나 특별히 물질적인 혜택을 제공하는 것만이 아니다. '내가 할 수 있는 일'을 통해 누군가를 매일 기쁘게 해주는 것. 그것이 가족 구성원이 함께 행복할 수 있는 방법이다. 결코 어렵지 않다.

축구 황제 펠레는 어릴 적 너무나 가난해서 제대로 된 공을 차본 적이 없었다. 축구 감독이 그런 펠레에게 축구공을 하나 선물해주었는데, 어린아이였던 그로서는 은혜를 갚을 길이 없었다. 어느 날 펠레는 감독의 집 마당을 깊이 파놓았다. 감독이 물었다.

"왜 마당을 팠니?"

그러자 펠레가 말했다.

"크리스마스가 되면 감독님도 트리를 마당에 묻으실 것 아니에요? 그때 힘들이지 말고 이 구덩이에 묻으시라고 제가 미리 파놨어요."

내가 잘할 수 있는 것으로 그 사람을 위해 최선을 다해 뭔가를 하는 것, 그것은 마음이 전달되면 완성된다. 오늘 문득 나는 물질로 누군가를 기쁘게 하려고 마음에도 없는 행동을 하지는 않았는가 생각해본다.

나의 청소년 소설 《까칠한 재석이가 사라졌다》는 연이어 후속 작품을 출간하면서 더욱 큰 인기를 얻고 있는 시리즈 작품이다. 이 시리즈가 6권까지 나오게 된 것은 1권의 성공 덕분인데, 1권이 성공할 수 있었던 가장 큰 이유는 재석이란 인물의 변화 덕분이다. 고등학교 일진에다 주먹을 쓰면서 힘을 과시하곤 했던 재석이라는 문제아가 모범생으로 거듭나고, 삶의 꿈을 찾아 노력하는 모습이 어린이와 청소년들에게 큰 희망과 동질감을 느끼게 해주었던 것이다.

재석이란 문제아 학생은 어떻게 반 아이들의 영웅이 되었을까? 그것은 아주 사소한 행동의 변화에서 시작되었다. 당장에라도 마음만 먹으면 할 수 있는 일을 했기 때문이다. 담배 끊기, 술 안 마시기, 그리고 불량 서클을 뛰쳐나온 것 등이다. 게다가 서툴렀지만 작가가 되겠다는 꿈을 정하고 글을 쓰기 시작했으며, 자신의 삶에 주인이 되려고 애썼다. 물론 소설 속에 나오는 재석이처럼 여러 가지 나쁜 습관을 고친다는 건, 그 어느 것도 사실 쉽지는 않지만, 그렇다고 죽도록 힘든 일도 결코 아니다. 다만 대부분의 청소년들이 하지 않거나, 못할 뿐이다.

내가 당장 할 수 있는 일은 나라를 위해 목숨을 바치거나, 집안을 위해 생업전선에 뛰어드는 게 아니다. 길거리의 휴지 줍기, 부모님께 반항하지 않기, 집에 일찍 들어가기, 게임 시간을 줄이거나 끊기, 외모에 치중하는 시간 낭비를 줄이기, 독서나 운동에 나의 시간을 좀 더 투자하기……. 보다시피 말로는 쉽지만 결코 실천하는 청소년들이 많지 않은 것들이다.

쉬운 일조차 하지 않는 친구들이 많다는 건, 반대로 생각하면 나쁜 행동을 하지 않기로 결심하고 실천하기만 해도 삶이 금세 달라질 수 있다는 뜻이고, 나중엔 장대한 일도 이룰 수 있게 된다는 의미기도 하다.

노력 없이 저절로 세상은 결코 바뀌지 않는다. 또한 의지와 결심 없이 내 삶은 변하지 않는다. 오늘 당장 나는 무슨 일부터 해볼 것인지 생각해야 한다. 세상엔 공짜가 없다.

재능 기부 유감

강연을 많이 다니는 나에게는 하루에도 여러 건의 강연 요청이 들어온다. 요즘은 거의 그런 일이 없지만, 한때 간혹 강연을 요청하는 주최 측이 어처구니없는 부탁의 말을 하곤 했었다. 자신들이 계획한 강연에 '재능 기부'를 해달라는 것이다.

재능 기부. 언제부터 이런 신조어가 떠돌기 시작했는지 알 수 없지만, 돈으로 기부하지 못하는 사람들에게 재능을 기부하도록 대안 형식으로 만들어낸 것 같다.

하지만 말이 좋아 재능 기부지, 사실은 무료 봉사다. 아무런 대가를 바라지 않고 누군가를 위해서 나의 노력과 시간을 제공하는 것. 다시 말해 남는 시간과 노력을 그들에게 줌으로써

내 삶의 보람을 얻으라는 거다.

작가인 내가 자신들에게 와서 강연을 해주면 재능 기부로 쳐주겠다는 것인데, 번지수가 틀려도 한참 틀렸다. 일단 나에게는 남는 시간이 없다. 시간은 소중한 것이다. 한번 흘려보내면 되돌릴 수 없다.

그리고 무엇보다 중요한 사실은, 나는 그 소중한 시간을 강연이나 저술에 씀으로써 생계를 도모하는 사람이라는 점이다. 그런 나에게 재능 기부를 요구한다는 것은 마치 과일 가게에 가서 오늘 팔아야 할 과일을 기부하라고 말하는 것과 다를 바가 없는 폭거(暴擧, 난폭한 행동)다.

나는 그들의 무지한 요청에 점잖게 이야기한다. 재능을 팔아서 먹고 사는 사람이기 때문에 기부할 재능이 없노라고. 약간은 꾸지람이지만 이러한 반응에 익숙지 않은 그들은 당황한다. 그리고 이내 생각할 것이다. 별 인색한 사람 다 보겠다고.

기부라든가 봉사와 양보는 강요할 수 있는 것이 아니다. 의무가 아니기 때문이다. 예전엔 자발적으로 기부하겠다고 해도 염치를 아는 사람이라면 예의상으로라도 처음엔 거절하는 것이 미덕이었다. 그런데 요즘은 먼저 당당하게 요구하고 있다. '우리가 약자이니 강자인 너희들은 기부해라.' '우리가 형편이 어려우니 너희들은 돈을 내라.' '우리들의 예산이 부족하니 너

희들은 재능을 제공해라…….'

물론 이렇게 된 데에는 나름의 원인이 있다. 이 세상에는 보수(금액)와 상관없이 자신을 드러내고 싶어 하는 뜨내기 돌팔이 지식인들이 너무나 많기 때문이다. 어떻게든 얼굴을 내밀어 많은 사람에게 알려져 유명세를 타고, 그것을 통해서 나중에는 재능 기부의 미명하에 했던 강연과 저술 작업 등의 본전을 뽑겠다는 속셈 때문에 강연 시장의 물이 흐려졌다.

나는 당당히 이야기한다. 재능이 필요하면 당당히 대가를 지불하라고. 대부분의 사람은 자신의 돈을 내고 강연을 듣거나 책을 읽었을 때 그 시간이 가치 있다고 느끼게 된다. 내가 책의 인세 수익금 중 일부를 나눔의 도구로 사용하는 것도 이러한 이유다. 그것도 모르면서, 선한 마음으로 기부한 성의를 싸구려 떨이 상품처럼 취급하는 자들이 함부로 '기부'를 운운한다.

오늘도 당당히 기부를 강요하는 사람들에게 이 말을 해주고 싶다. 진짜 기부나 도움이 필요한 사람은 말이 없다고. 나는 그런 이들에게라면 진정한 재능 기부를 얼마든지 할 용의가 있다고 말이다.

'쉬운 일'은 없어

: 어제보다 나은 오늘을 응원해

글쓰기 초보였던
나

서재를 작은 방으로 옮기면서 오만 잡동사니들을 다 끌어냈다. 그 가운데 오래된 일기장을 하나 발견했다. 대학교 1학년 때 끄적거렸던 일기장.

갑자기 1학년 때 좋아했던 같은 과의 여학생 얼굴이 떠올랐다. 그 여학생에게 호감을 갖게 되면서 선물도 주고, 차도 마시며 잘 대해주었더니, 어느 날 나에게 두꺼운 일기장 하나를 답례로 보내준 것이다.

여자에게 처음 받아본 선물인 그 일기장에 나는 정성을 다해 일기를 쓰기 시작했다. 일기라는 것은 굉장히 좋은 장르다. 그날 있었던 일을 적다 보면 자연스레 문장력이 생기고, 그것들을 모아놓으면 개인의 역사가 된다.

그렇지만 우리가 일기를 평소에 즐겨 쓰지 않는 이유는 중·고등학교 시절 학교에서 강제로 쓰게 했기 때문이다. 강제로 시킨 일치고 끝까지 하는 일이 없다. 뿐만 아니라 선생님이 검사까지 했으니 누가 일기 쓰기를 즐거워하겠는가. 나 역시 일기 쓰기를 한동안 그만두었다가 그 여학생의 선물 덕에 제법 오랫동안 끄적였던 흔적이 고스란히 그 일기장에 남아 있었다.

일기는 선물 받은 날부터 시작되었다. 그런데 일기를 보던 나는 경악하였다. 문장이 너무 졸렬해서 눈 뜨고 볼 수 없었던 거다. 고등학생 수준의 유치한 문장이 의미 없이 나열되어 있었다. 그날 있었던 사실만을 나열하면서 단편적으로 서술을 이어나갈 뿐 생각을 깊이 있게 담아내지 못했다. 그야말로 일지에서 크게 벗어나지 못하는 수준의 글이었다. 얼굴이 후끈거렸다.

사람들은 내가 작가라는 점 때문에 아주 어려서부터 글을 잘 썼을 거라고 생각한다. 나도 그런 착각을 했었나 보다. 대학교 1학년 때 일기를 보고, 나 역시 글을 잘 쓰지 못하는 평범한 학생이었음을 알게 된 것이다. 이렇게 글을 못 쓰던 평범했던 내가 작가가 되다니…….

나는 결국 일기장을 다 읽지 못하고 덮었다. 그리고 다시 깊이깊이 숨겨 놓았다. 없애버릴 만큼 부끄러울 정도는 아니었지만, 그렇다고 자랑스럽게 내보일 수준도 아니었다. 그저 서툰, 작가가 되기 전의 나의 글쓰기 훈련 연습장이었다.

모든 세상의 일이 이와 같다. 세상에 쉬운 일은 없다. 숙련된 장인인 대장장이와 인터뷰를 해보니 처음 시작할 때는 서툴다고 선배 대장장이에게 집게로 맞았다고까지 한다. 뭐든지 처음 시작할 때는 서툴고 어색한 법이다.

개를 오래 길러 보면 키우던 개가 새끼를 낳는 모습도 보게 된다. 태어난 지 얼마 안 된 강아지들은 어느 정도 시간이 지나면 눈을 뜨면서 비틀거리며 걷는데, 처음엔 한 걸음조차도 제대로 못 걷는다. 가다가 쓰러지고, 가다가 넘어진다. 그래도 결코 강아지들은 포기하지 않는다. 하루하루 조금씩 나아지는 걸 보여준다. 그리고 결국엔 날쌘돌이가 되어서 온 마당을 휘젓는 날이 온다.

무슨 일이든 처음, 혹은 새롭게 시작할 땐 서툴고 어색한 게 세계 공통이다. 처음부터 쉬운 일이 어디 있겠는가. 어색하다고, 힘들다고 관둬버리면 안 된다. 자전거를 잘 타려면 수십 번 넘어져야 하고, 나무에 오르려면 수백 번 미끄러져야 한다. 조금이라도 더 많이 까지고, 조금이라도 더 많이 실패해야 조금이라도 더 빨리 익숙해지고 숙달될 수 있다. 이 세상에 쉬운 일이 없기에 그 어려움을 이길 때 우리에게는 달콤한 열매가 기다리고 있다.

일기를 쓰고 난 뒤로 나는 계속 글쓰기 훈련을 했다. 수시로 학교 신문사에 글을 써서 보냈고, 현상공모에도 떨어지길 반복했지만 꾸준히 글을 썼다. 그렇게 작가가 되는 데 무려 10년이 걸렸다. 나와 함께 글 쓰던 친구들은 하나둘 포기하고 다른 길을 찾아갔다. 그래도 나는 한 우물만 팠다. 아니 그럴 수밖에 없었다. 장애를 가진 나에게 당장에 다른 대안은 없었으니까. 그러면서 나는 성장했고, 조금씩 커 나갔다.

이제는 일기 쓰듯이 글을 쓴다. 어느새 우리나라에서 가장 많은 책을 발간한 작가가 되었다. 교과서에도 내 작품이 여럿 실렸다. 시작은 미약했는데, 결과는 창대해지고 있다.

거절은
결코 쉽지 않지만

친구의 부탁을 거절하기란 매우 어려운 일이다. 잘 아는 제자가 자기 아들 문제로 나에게 눈물을 흘리며 상담을 요청한 적이 있었다. 친구를 잘못 사귀어서 친구들이 못된 짓 하는 것을 도와 범죄에 가담되었다는 것이다.

자초지종을 다 들어보니 남의 집을 털 때 친구들이 망을 봐 달라고 부탁했는데 거절하지 못 하고 '그 정도야 괜찮겠지' 하고 따라갔다가 그만 경찰에게 체포당한 거였다. 일은 일대로 커졌지만, 그의 아들이 평상시에 착하고 마음 약하다는 사실을 경찰과 신고자가 알게 되어서 다행히 훈방으로 풀려나게 되었단다.

실제로 만나보니 녀석은 마음이 여리고 착하게 생겼다. 왜 그런 일을 했느냐고 물으니 천연덕스럽게 대답했다.

"친구가 같이 가서 누가 오나 안 오나 잠깐만 봐달라고 해서요."

"이번에야 미수에 그쳤으니 망정이지, 너는 그 친구가 정말 범죄를 저지를 줄 몰랐니?"

"저도 그러면 안 되는 줄은 아는데, 제가 거절하면 친구가 화를 내고 왕따 시킬까 봐 두려웠어요."

요즘 학생들은 거절하는 것도 거절당하는 것도 두려워하는 것 같다. 물론 아이들뿐 아니라 어른인 나도 거절이 결코 쉬운 일은 아니지만, 찾아보면 방법이 아주 없는 것도 아니다.

나는 어려서부터 거절을 잘하기로 유명했다. 우리 집은 학교에서 정말 가까웠다. 집이 학교와 300미터 떨어져 있었다. 학교 수업이 끝나면 친구들은 우리 집에 와서 놀며 즐거운 시간을 보내다가 각자 자기 집으로 돌아가는 걸 반복했었다.

친구 중에는 학원을 다니는 아이들도 많았는데, 녀석들은 학원 수업 전까지 우리 집에서 시간을 때우다 가곤 했다. 처음엔 친구들이 집에 오는 게 마냥 좋았다. 집에서 함께 노는 것도 재미있었고, 무엇보다 나의 가방을 친구들이 들어다 주었기 때문에 거절하려니 미안한 마음이 들기도 했다. 하지만 이런 일이 자꾸 반복되다 보니 슬슬 내가 피해를 보게 되었다. 공부할 시간도 빼앗기고, 친구들을 접대하느라 피곤했던 것이다.

하루는 녀석들이 우리 집으로 몰려와 놀다 가겠다고 대문 밖에서 나를 부르며 소리를 질러댔다. 대문을 열어주었더니 우격다짐으로 대여섯 녀석이 밀고 들어오려 했는데 나는 그 자리에서 애들 앞을 막아섰다.

"오늘은 너희들 집으로 가! 나 오늘 공부해야 돼. 시간 없어."

"야, 그래도 친구가 왔는데 이렇게 쫓아내냐?"

"아니, 안 돼! 내일 모레면 시험인데, 너희들이 와서 놀다 가면 공부를 전혀 못 해. 안 돼."

결국 나는 완강하게 거절하며 녀석들을 쫓아냈다. 지금 돌이켜보면 그렇게 거절하는 방법 말고도 부드럽게 거절할 수가 있었을 텐데, 그땐 그걸 몰랐다.

우리는 살아가면서 수시로 느낄 것이다. 세상에서 가장 어려운 일이 친한 사람의 부탁을 거절하는 거다. 아무리 좋게 말해도 상대방은 크게 실망하기 때문이다. 나는 친구의 아들에게 그 힘들다는 '거절법'을 알려주기로 했다. 우선 가장 좋은 방법은 상대방이 부탁했을 때 대답을 좀 미루는 거다. 대답하기 전에 생각할 시간을 좀 달라는 식이면 좋다.

"내가 좀 더 생각해볼게."

"내일 대답하면 안 되겠니?"

"1시간 뒤에 내가 어디 좀 다녀와서 대답할게."

이런 식으로 대답을 미루면 자연스레 거절하는 효과가 있다. 또한 부탁하는 상황이 쉽게 종료될 수 있다. 어떤 경우엔 시간이 점점 흐르면서 부탁한 사람 스스로 다른 해결책을 찾아내 더 이상 도움을 요청하지 않게 되기도 한다.

두 번째 방법은 입을 다무는 것이다. 앞서 망을 봐주다가 억울하게 된 소년도 친구가 부탁했을 때 입을 다물고 가만히 있었다면 그런 범죄에 휘말리지 않았을지도 모른다. 모든 부탁에 응해야 할 필요는 없다.

세 번째 방법은 얼른 다른 화제로 이야기의 주제를 바꾸는 것이다. 같이 가서 망을 봐달라고 하면 시의적절하지 않은 엉뚱한 이야기로 아래와 같이 대답하면 된다.

"어, 오늘 날씨 참 좋은데."
"갑자기 라면 먹고 싶다."

이런 식으로 엉뚱하게 화제를 돌리면 거절 의사를 간접적으로 전달할 수 있다.

이런 모든 방법들이 다 적당치 않을 때는 설명할 수밖에 없다. 내가 왜 망을 볼 수 없는지 부탁한 사람에게 알려줘야 한다. 물론 이것도 쉽지 않다. 너무 냉정하지 않으면서도 또한 가볍지 않게, 그리고 너무 빠르지 않게, 그리고 거절해서 미안하다는 유감의 뜻을 표하며 다음번에는 반드시 도와줄 수 있다고 미래를 기약하는 것이 좋다. 지혜롭게 거절하는 방법은 쉽진 않지만 아예 없는 것도 아니다. 특히 옳지 않다고 판단되는 부탁은 단 한 번도 허용해서는 안 된다. 처음부터 거절해야 다음에 부탁하는 일도 안 생긴다.

다시 나의 어린 시절 이야기로 돌아가 보자. 나는 그 어려운 일, 친구들을 쫓아내는 데 성공했다. 어머니가 그 모습을 지켜보곤 말했다.

"너는 내 아들이지만 참 대단하다. 어떻게 친구들을 말 한마디로 쫓아낼 수가 있니?"

"힘든 거절일수록 단칼에 잘라서 해버려야 돼요."

물론 그런 나에게 지금도 거절은 여전히 쉬운 일이 아니다.

습관을
고친다고?

~~~~~~

세상에서 어려운 일은 수없이 많겠지만, 잘못 든 습관을 고치는 것보다 어려운 일은 아마 없을 것 같다. 미루는 습관, 편식하는 습관, 부정적으로 말하는 습관 등등. 어느 것 하나 쉽게 고칠 수 있는 게 없다.

김유신 장군도 젊은 날에는 절세미인 천관이 운영하는 술집에 자주 드나들었다고 전해진다. 술을 먹고 여인과 사랑을 나누는 일에 흠뻑 빠진 것이다. 이걸 알게 된 김유신의 어머니 만명부인이 준엄하게 아들을 꾸짖었다.

"치국평천하를 네가 꿈꾼다면서 주색에 빠져 있으니 이를 어쩌면 좋으냐?"

그 말을 듣고 김유신은 크게 깨달았다. 다시는 술집에 가지 않겠노라고 굳게 약속을 하였다. 어머니와 약속했으니 이제 천관의 집에 갈 일이 없었다. 그는 큰 인재가 되기 위해 무예를 더욱 닦고 책을 읽으며 자기 수련과 개발에 몰두하였다.

하루는 집에 돌아오는 날 너무 피곤하고 힘이 들어 말 위에서 꾸벅꾸벅 졸았다. 우리가 생각할 때 흔들리는 말 위에서 존다는 건 상상도 못할 일이지만, 무예가 깊었던 그에겐 아주 자연스럽고 편안했던 모양이다. 말의 안장 위에서 졸고 있으니 영특한 말이 알아서 주인이 늘 가던 곳으로 걸음을 옮겼다. 습관적으로 천관의 술집에 향한 것이다.

천관은 발길을 끊었던 김유신이 다가오자 반갑게 맞이하였다. 그 순간 잠에서 깨 눈을 뜬 김유신은 자신의 나쁜 습관 때문에 말이 스스로 술집에 왔음을 알고 너무나 화가 났다. 의도치 않게 어머니와의 약속을 어긴 셈이 되었기 때문이다. 분노한 김유신은 말에서 내리자마자 말을 꾸짖었다.

"미물인 네가 어찌하여 주인의 뜻을 망치려 하느냐!"

그는 칼을 뽑아 말의 목을 베고는 그대로 걸어서 집으로 돌아갔다. 이처럼 못된 습관을 고치려고 독하게 결심한 김유신은 훗날 삼국통일의 주역이 되었다.

거듭 말하지만, 습관을 고치는 것은 참으로 어려운 일이다. 나의 경우는 칫솔질을 할 때 치아 방향인 위아래로 하지 않고 오랫동안 가로 방향으로 하는 잘못된 습관 때문에 이뿌리가 많이 닳아서 허옇게 드러날 지경이었다. 치과의사는 그런 나의 이를 보고 안타깝다는 듯 말했다.

"습관을 하루아침에 바꾸기가 어려우시겠지만 가급적 위아래로 칫솔질을 하세요."

'습관을 바꾸기 어렵다'는 말이 나의 자존심을 건드렸다. 지금까지 내가 어떻게 살아왔는데…… . 장애를 이기고 숱한 난관을 넘으며 오늘의 내가 된 게 아니던가.

그날부터 나는 칫솔질을 위아래로 하기 시작했다. 어색했지만 칫솔을 잡을 때마다 각오를 다졌다. 처음엔 어색했던 위아래 칫솔질이 서서히 익숙해지기 시작했다. 틈새의 음식찌꺼기도 잘 빠져나오는 듯했다. 시간이 흐르자 다시는 좌우로 하지 않게 되었다. 독한 마음을 먹고 바른 것을 실천에 옮기면서 나쁜 습관을 고치는 건 전혀 불가능한 일이 아니다.

요즘 청소년들은 스마트폰과 게임에 빠져 있다. 틈만 나면 각종 IT 기구의 모니터에 코를 박는다. 게임, SNS, 셀카…… 할 것도 많고 하고 싶은 것도 많다. 자기 사진 찍기를 즐기는 한 여학생에게 물어보니 하루에 수백 장 셀카를 찍는 날도 있단다. 이것은 좋지 않은 습관이다. 시간이 너무 아깝다.

습관을 고치는 데에는 계기가 필요하다. 김유신이 천관과의 관계를 끊은 것은 어머니의 가르침에 따라야겠다는 결심 덕분이었다. 내가 칫솔질 방법을 바꾼 것도 의사 선생님의 권유 때문이었다.

나쁜 습관을 계속 이어가는 건 자책을 이어가는 것이나 마찬가지다. 고쳐야지 고쳐야지 하면서 고치지 못할 때마다 '나는 왜 이런가' 하는 자괴감이 든다. 그런 자괴감이 계속 반복되면 결국 위축되고 활짝 피어오르기 어려워진다. 게임에 빠져할 일을 못하거나, 셀카를 공들여 찍고서 마음에 들지 않아 다지우면서 느끼는 허무함이 계속 쌓인다고 생각해보자. 습관은 사소하고 작은 것 같지만, 오래 계속됨으로써 우리의 삶에 피해를 준다.

그 밖에도 눈을 깜빡이는 습관, 물건을 정리하지 않는 습관 등, 각종 안 좋은 습관들에 대해서 우리는 여러 번 주변으로부터 지적받아서 무엇이 문제인지 이미 알고 있다. 아마도 습관을 고치기가 어려운 것이 아니라 습관을 고치겠다고 결심하기가 어려운 것이리라.

나의 나쁜 습관을 고칠 수 있는 방법은 나 자신이 가장 잘 안다. 문제는 실천이다. 그것은 나와의 싸움이다. 김유신이 사랑하는 말의 목을 베듯, 결단력이 필요하다. 결단력 역시 나와의 싸움이다. 힘들고 어렵지만 도전해볼 만하다. 나와의 싸움은 남에게 피해를 주지 않는다. 그리고 나와의 싸움은 나를 강하게 만든다.

나와의 싸움은 어렵기 때문에 이겼을 땐 그 무엇보다 더욱 기분이 좋다.

　나 자신의 무한한 가능성을 믿어 주자.

엉덩이로
일하기

~~~~~~~~~~~~~~~~~~~~~~~~~~~~~~~~~~~~

"선생님 죄송해요. 오늘도 글을 못 써왔어요. 글이 잘 안 써지
네요."

나에게 글을 배우는 여인이 수업 시간에 빈손으로 와서는
난처한 표정을 지으며 말했다. 처음에는 글 쓰는 게 어려워서
그런가보다 싶었다. 글이라는 게 결코 쉽게 써지는 건 아니기
때문이다.

"다음엔 꼭 써오세요."

그런데 그 다음에도, 또 그 다음에도 이 여인은 쉽게 글을 쓰
지 못했다. '왜 그럴까?' 하는 의문이 들었다. 심지어는 어떻게
쓰면 된다고 쉬운 방법을 가르쳐주기까지 했는데도 진도가 나

가질 않았다. 그 여인보다 오히려 경험도 없고, 소질도 없는 사람이 수업 시간마다 꾸준히 글을 써오는 걸 보면, 정말이지 납득이 안 되는 이상한 일이었다.

뒤늦게 나는 그 이유를 알았다. 그 여인은 사방팔방 다양한 모임에 참여하고 있었다. 여행 모임, 직장인 모임, 계모임, 동창 모임 등 다양한 부류의 사람들과 만나 즐거운 시간을 보내며 전국 각지뿐만 아니라 해외여행도 자주 다녔다. 게다가 춤도 배우러 다니고, 각종 세미나에 참여해 새로운 사람과도 잦은 만남을 일삼고 있었다.

물론 그 여인의 직업이 사람들을 만나고, 유명인사들을 강의에 초대해서 공무원이나 기업의 교육 무대에 세우는 일이라 그 활동들이 도움이 되는 만남인 것도 맞았다. 하지만 일은 일이고, 글쓰기는 글쓰기다. 박사학위까지 받았기에 논문을 써봤을 그 여인이 짧은 글 몇 꼭지를 기한 내에 못 써내는 이유가 무엇이겠는가. 바로 진득하게 한자리에 앉아서 글쓰기에 땀과 노력을 기울이지 못했기 때문이다.

"구르는 돌에는 이끼가 끼지 않는다(A rolling stone gathers no moss)"라는 말이 있다. 이 속담은 부지런히 움직이면 이끼가 끼지 않고, 활기를 유지한다는 의미다. 이끼가 끼지 않게끔 부지런해야 한다는 의미를 담고 있다. 하지만 또 다른 뜻은 뭔가를 이루려면 진득하게 자리를 잡고 있어야 된다는 의미도 된다.

그래야 이끼가 뿌리를 내리고 싹을 틔우기 때문이다. 격언과 속담의 해석은 이처럼 관점에 따라 다양하게 가능하다. 움직임이 꼭 필요한 사람에겐 앞의 해석이 맞을 것이며, 성과가 중요한 사람에게는 뒤의 해석이 타당하다.

이 여인의 SNS를 보면 수없이 많은 활동상이 시간마다 올라온다. 그러니 언제 글을 쓴단 말인가.《단군신화》에서 보면 100일간 마늘과 쑥을 먹으면서 살아남은 것은 성질 급한 호랑이가 아니라 참고 견딘 곰이었다.

물론 청소년기는 진득하게 한군데 눌러 앉아 있기가 좀 힘든 시기이다. 내가 강연을 가보아도 고학년 아이들보다 저학년 아이들이 더 오래 견디지 못하고, 시간이 흐를수록 온몸을 여기저기 비틀어댄다. 초등학교는 40분, 중학교는 45분, 고등학교는 50분 동안 학과 수업이 이루어지는 것도 그들의 인내력이 조금씩 성장하기 때문이다.

세상의 일 가운데 여기저기 나대면서 이뤄진 것은 하나도 없다. 예술품도 장인이 수십 년의 시간을 꼼짝 않고 앉아서 가공해내고 참아내면서 만든 것이다. 팔만대장경도 수많은 사람이 작업실에 들어앉아 수만 개의 목판을 파내어 만들어낸 것이다. 한마디로 '엉덩이의 힘'이 있어야 해낼 수 있는 일이다.

내가 작가가 될 수 있었던 것은 끈질기게 앉아서 원고를 쓸 수 있는 훈련을 했기 때문이다. 나의 세 아이들은 어릴 적에 번 갈아가며 서재로 들어와 수시로 나의 집중력을 흩어놓았다. 글 쓰고 있는 나에게 놀아달라고 조르거나 마구 책상 위를 어지 르면서 난장판을 벌여 놓았다. 오줌을 싸놓기도 하고 쌓아둔 서류를 무너뜨리기도 했다.

하지만 나는 그때마다 의자에 엉덩이를 붙이고 앉은 채 서 재에서 절대 나오지 않으면서 버텼다. 아이들이 묻는 말에 일 일이 대답하면서도 할 일을 마치기 전에는 글 쓰는 방에서 나 오지 않았다.

"애들이 이렇게 어지르고 떠들어도 일을 하시네요."

오죽하면 이 모습을 본 사람들이 신기하다는 듯 말했다. 나 도 아이들과 놀고 싶고, 함께 밖으로 나가서 마냥 바람도 쐬고 싶다. 그렇지만 자제해야 한다. 그러지 않으면 언제 글을 쓰고 책을 읽으며 공부한단 말인가. 그런 진득함 덕에 나는 수백 권 의 책을 펴냈고, 국내 저자 중에 최고로 많은 강연을 다니며, 세상을 조금씩 바꾸려 애쓰고 있다.

내가 원하는 영광을 맛보려면 대가를 지불해야 한다. 그것 은 공부, 운동, 예술 등 모든 분야의 공통분모다. 쉬운 일을 찾 는가? 그렇다면 이 땅에 나오지 말았어야 한다. 진득하게 끈기 있게 도전해야만 눈에 보이는 성과를 이룰 수 있다.

참으로
둔 없는 삶

어린 시절, 학급에서 선생님이 선물을 나눠줄 때 사람은 많고 선물이 부족하면 흔히 취하는 방법이 제비뽑기다.

그런데 이상하게도 나는 한 번도 뽑힌 적이 없었다. 정말 운이 없었다. 복권을 사도 당첨된 적이 없고, 심지어는 놀이공원에 가서 인형을 경품으로 타기 위해 나름 열심히 게임을 해도 한 번도 성공해서 선물을 받은 적이 없다. 그걸 보면 정말 나는 운이 눈곱만큼도 없는 사람이다.

그런데 가만히 주변을 살펴보면, 사람들 중에 하는 일마다 잘되고 삶이 순탄했다고 이야기하는 이가 단 한 명도 없다. 자기연민이 가득한 목소리로 좌절을 겪거나 어려움을 견디며 힘겹게 삶을 살았다고들 말한다.

물론 운 좋게 로또에 당첨되고 복권에 뽑히고 횡재했다는 사람이 전혀 없지는 않을 거다. 하지만 그런 사람도 그저 한두 번 운이 좋았을 뿐이지 매사가 다 그렇게 운이 좋지는 않았을 거다. 야구선수들의 타율을 봐도 그렇다. 열 번 타석에 나가서 세 번만 쳐도 3할대의 '위대한 타자'라는 소리를 듣는 걸 보면, 우리 삶에 운이 좋기만 한 사람은 결코 없는 것 같다.

미국의 대통령이었던 로널드 레이건은 배우로 출발한 사람인데, 그는 정치에 입문해 열심히 해보려 했지만 선거에서 자꾸 지기만 했다. 사실 배우가 정치를 한다는 게 쉬운 일은 아니다. 선거에서 툭하면 패배하고, 떨어지고 하는 것을 보면서 주위 사람들이 그에게 말했다.

"당신은 참 운이 없군요. 이번에도 선거에서 실패해서 어떡합니까?"

그러자 레이건은 말했다.

"저는 고등학교 때부터 미식축구 선수였어요. 시합을 늘 나가지만 지금 돌이켜보면 싸워서 이겼던 기억보다 졌던 기억이 더 많습니다. 선거도 마찬가지죠. 주로 지는 게 저의 운명인걸요."

그는 자신의 불운과 선거 패배에도 좌절하지 않고 끝까지 도전해서 마침내 위대한 미국의 대통령으로 인정을 받았다.

이와 같은 예는 정말 많다. 20세기 최고의 축구 영웅을 말해 보라 하면 누구나 펠레를 꼽을 거다. 펠레는 축구 천재이며 부와 명예를 거머쥔 운 좋은 사람이라고 생각한다. 그러나 실상을 살펴보면 그는 결코 운 좋은 사람이 아니었다.

펠레는 가난한 집에서 태어났다. 신발이 없어서 맨발로 축구할 정도였다. 그는 브라질의 코사코에스라는 가난한 마을에서 태어났는데, 아버지도 축구선수였지만 집안이 너무 가난해서 어릴 땐 비행기 조종사가 되겠다고 마음먹기도 했었다.

하지만 그 꿈을 접고 결국 그는 축구선수가 되었다. 코치를 따라 멀리 떨어져 있는 도시로 가서 프로축구 선수생활을 시작했는데, 그는 재능이 뛰어나고 실력도 남달랐지만 쉬지 않고 피나는 훈련을 계속했고, 마침내 월드컵에 대표선수로 뽑혔다. 1958년의 일이다. 그렇지만 평가전 때 펠레는 상대 선수의 태클에 걸려서 무릎에 큰 부상을 입고 말았다. 그럼에도 불구하고 그는 월드컵 본선에 출전해 여섯 골을 성공시키면서 전 세계 축구팬들의 주목을 받았다.

축구하듯 그의 인생도 승승장구했으면 얼마나 좋았을까. 하지만 그의 삶은 실패도 많았다. 그동안 엄청나게 벌어둔 돈으로 사업을 시작했는데 믿었던 사람에게 맡겼던 게 잘못이었다. 사업을 잘 몰랐던 그는 그동안 모아둔 전 재산을 팔아도 빚을 갚을 수 없을 정도로 큰 부도를 맞게 되었다. 열심히 축구로 쌓아온 부와 명성이 한꺼번에 다 날아간 거였다.

결국 펠레는 자기가 속해 있는 산토스 구단에게 빚을 갚아 달라고 요청했다. 3년간 선수 계약을 맺었는데, 구단이 내민 계약 조건은 이전의 명성에 비하면 형편없는 수준이었다. 하지만 그는 부도가 나면 명예가 더럽혀진다는 생각에 그 조건을 받아들여 축구 경기에 나섰다.

뿐만 아니라 그는 이후의 월드컵에도 출전했는데, 이 경기에서 브라질은 부진했다. 상대팀 선수의 견제 공격 때문에 부상의 위험에 빠지기도 했다. 그럼에도 펠레는 월드컵 우승이란 큰 업적을 이뤄냈다.

안타깝게도 펠레는 그 후에도 운이 따르지 않았다. 수없이 많은 부상과 사업 실패를 겪어야만 했다.

우리가 펠레를 위대하다고 하는 것은 그가 운이 좋고 천재성을 갖고 있어서가 아니라, 어떠한 고난과 어려움이 닥쳐도 굽히지 않는 의지와 집념으로 자신의 삶을 개척했기 때문이다. 그는 결코 운이 좋아서 성공한 사람이 아니다. 누구보다 가난하고, 운이 안 좋고, 지극히 실패도 많이 경험했지만, 그것을 이겨내고 자신의 삶을 위대하게 만드는 힘이 그에겐 있었다.

비판과 잔소리를
기뻐하기란

나도 우리 아이들에게 잔소리할 때가 있다. 어른인 내 눈에는 뻔히 어떻게 될지가 보이는데, 그걸 모른 채 어리석게도 같은 실수를 매번 반복하기 때문이다.

예를 들면 밥을 먹고 물을 마신 뒤에 물컵을 식탁 모서리에 놓는 거다. 테이블 중앙에 놓든지, 아니면 씻어서 찬장에 넣으면 참 좋을 텐데, 그렇게 하지 않는다.

그걸 보고 아내는 곧바로 잔소리를 한다. 그러면 우리 아들이나 딸은 듣기 싫은 말을 들어서 기분이 나쁘다는 표정이 얼굴에 확 드러난다. 자신들이 한 행동은 생각지도 않고 툴툴거리면서 마지못해 컵을 제자리에 갖다 놓거나 씻어 놓는다. 물론 반성이나 잘못을 인정하는 마음 같은 건 없다.

아내도 잔소리하기가 참 싫을 것이다. 하지만 그냥 두면 아이들의 습관이 바르게 형성되지 않고, 그러한 실수가 쌓여서 불성실하거나 칠칠치 못한 아이로 낙인 찍힐까 봐 걱정되기에 자연스레 말이 길어지는 거다.

청소년들은 부모의 잔소리를 참 싫어한다. 그러나 이때가 유난히 많이 듣게 되는 시기다. 아직 미숙하고 철이 들지 않았기 때문이다. 게다가 뭘 잘하고 싶은 생각도 없을 거다. 충분히 이해는 된다.

사실, 부모의 입장에서 보면 잔소리는 자식에 대한 애정이다. 그런데 가끔 보면 엄마의 잔소리나 아빠의 꾸지람에 괴로워하고 그것에 상처 입는 친구들을 보게 된다.

내가 대학교에서 학생들을 가르칠 때, 작문 과제 중에 꼭 내주는 것이 자신이 직접 쓴 '자서전'이다. 그건 뭐 대단한 글쓰기 과제는 아니지만, 그동안 학생들이 어떻게 살아왔는지를 스스로 돌이켜보게 하는 데 도움되는 리포트이다.

그 리포트를 읽어보면 젊은 시절 혈기가 왕성했을 땐 엄마나 주위 사람의 잔소리를 못 견뎌했다는 내용이 많았다. 심지어 어떤 친구는 자기가 한 일에 누가 비판적인 견해로 말하는 걸 듣고 대판 싸웠다고 한다.

잔소리, 혹은 비판, 혹은 문제 제기……. 이런 모든 이야기는 듣는 사람에겐 매우 괴로운 거다. 자신의 약점과 불편함을 꼬집어 지적하는 것이기 때문이다.

청소년기엔 주로 '성적' 문제로 부모에게 잔소리와 꾸지람을 듣는다. 그런 감정을 참아내지 못하고 욱하는 마음에서 반항하거나 사고를 치는 아이들은 나중에 보면 백발백중 후회를 한다.

정말로 잔소리와 비판이 듣기 싫고 귀찮기만 한 것일까? 아니다. 나에게 잔소리하는 엄마와 아빠가 있다는 사실은 행복하고 감사한 일이다. 그리고 자잘하게 잔소리를 듣는 게 차라리 낫다. 엄마와 아빠가 참았다가 한꺼번에 폭발하듯 화가 터지는 걸 상상해보라. 당황스럽고 무섭기까지 할 거다.

옛날 중국 정나라에서는 마을 향교에 모여서 정치를 논하는 풍습이 있었다. 당연히 정치를 논하는 사람들이니 왕이 잘못하는 것, 관리들이 부정부패한 것 등을 이야기하게 된다. 왕이나 정부 입장에서는 듣기 괴로운 비판과 잔소리다. 듣다 보면 민원을 없애고 싶고, 듣기 싫어서 새로운 정책을 만들게 된다. 이때 연명이라는 관리가 높은 상경 벼슬 자리에 있는 자산이라는 사람에게 건의를 했다.

"이런 풍습을 없애기 위해서 향교를 폐해버리심이 어떠신지요?"

향교를 없애면 사람들이 모여서 나라의 정책을 비판하거나 반박하지 않게 될 거라는 단순한 이유에서였다. 하지만 자산은 고개를 저었다.

"백성들은 아침저녁으로 일이 끝나면 향교에서 우리를 비판한다. 나는 그 의견을 듣고 좋은 정책은 실현하고, 나쁜 정책은 없애려 하고 있다. 향교에서 올라오는 이야기들은 모두 나의 스승이다. 향교를 절대 폐지하면 안 된다. 성실한 사람은 다른 사람의 원한을 사지 않는 법이다."

잔소리하고 비판하는 사람이 잘못된 게 아니라, 나랏일 하는 자신이 성실하게 일을 못 했다는 의미였다. 좀 더 잘하고 좀 더 열심히 했다면 누가 비판이나 지적을 하겠느냐는 자산의 생각은 전적으로 옳다.

사람들이 불만을 토로할 때 탄압이나 물리적인 힘으로 막아서는 안 된다. 억지로 막았다가 한꺼번에 터지면 그때는 정말 대책이 없다. 조금씩 물꼬를 터줘서 비판과 잔소리를 듣고 옳은 방향으로 바꿔나가는 것이 훨씬 지혜로운 행동이다.

연명은 그 말을 듣고 감동해서 이렇게 말했다.

"소인이 누구를 믿고 섬겨야 할지 알겠습니다. 눈이 트이는 것 같군요. 어르신의 말씀대로 모든 사람들이 믿고 따를 것입니다."

이 일화를 듣고 나중에 공자조차도 "어느 누구든 자산을 어질지 못하다고 욕하는 사람이 있거든 나는 그 말을 믿지 않겠다"라고 말했다. 자산은 남의 비판과 지적을 달게 받은 사람이기에 어진 사람으로 평가를 받았던 것이다.

엄마 아빠의 잔소리, 선생님의 꾸지람을 순순히 받아들인다는 게 결코 쉬운 일은 아니다. 듣고 있으면 괴롭다. 하지만 그것이 자기 발전에 기틀이 되도록 해보자. 지적한 사항을 마음에 새긴다면, 비록 공부는 잘 못 하고 사회적으로 경쟁력이 없더라도 그를 욕하거나 흠잡는 사람은 없을 것이다. 물론 인격적으로도 훌륭해야 하겠지만 말이다.

나는 지금도 내 글이나 강의 내용에 대해 지적해주고 잘못을 꼬집어주는 사람을 감사하게 생각한다. 덕분에 좀 더 좋은 작가가 될 수 있고, 인격자로 나아갈 수 있기 때문이다.

새로운 가족

집에 혼자 있던 나는 열심히 원고를 쓰다가 저녁 무렵 이웃에 사는 출판사 오모 편집주간의 전화를 받았다.

"고 선생, 혼자 있지? 밥이나 먹읍시다."

같은 아파트 단지에 살고 있는 그분은 나의 대학교 3년 선배이다. 대학 다닐 때는 서로 잘 몰랐는데, 작가가 되면서부터 알게 되었다. 그분이 나에게 원고를 청탁했고, 나 역시 그 출판사에서 책을 꾸준히 내면서 우리 두 사람은 친해졌다. 우연히 같은 동네에 살게 되어 이렇게 가끔 그는 퇴근길에 들러 혼자 있는 나에게 밥을 사주거나 같이 차를 마신다.

나를 살펴주는 이웃은 또 있다. 부등호라는 동인활동을 같이 했던 강만수 시인이다. 그는 조금 멀리 떨어진 곳에 사는데, 차로 10분 정도 걸리지 않는 거리다. 그도 오가다 나와 밥을 먹거나 차를 마시며 함께 시간을 보낸다.

그들과 이야기를 나누면 주로 혼자 일하는 작가로서의 외로움이 조금은 덜해진다. 우리 집에는 자녀들이 셋이나 있지만 이미 다 장성해서 직장을 얻어 나가거나 공부하러 떠나가고, 아내와 나만 남았다. 그러나 아내 역시도 아이들을 돌본다고 오래도록 집을 비우는 경우가 많다. 아이들에게 며칠씩 갔다 올 때면, 혼자 있는 외로움이 크게 느껴지곤 한다. 가끔 이럴 땐 1인 가구가 증가하고 가족이 해체된다는 것이 바로 이런 건가 싶기도 하다.

요즘 학교에 강연을 가보면 할머니가 키우는 아이들 혹은 편부모에게서 자라는 아이들이 부쩍 많다. 핵가족 제도가 극단을 향해 달려가는 느낌이다. 이것이 어쩔 수 없는 추세라면 받아들여야 하겠지만 너무나 가슴이 아프다.

과거에는 대가족이라 구성원 중에 한두 명이 빠져도 나머지 가족들만으로도 그 부족한 부분이 서로 채워졌었다. 그러나 이제는 그것이 불가능하다. 경제적인 이유로 가족이 흩어져 멀리 떠나기도 하고, 어린 자녀가 부모가 아니라 일가친척이나 친지의 돌봄을 받기도 한다. 그러다 보니 어쩌다 가족을 만나면 무척 반갑지만, 그동안에 떨어져 지낸 시간과 공간의 차이로 인해 느껴지는 서먹함의 감정이 쉽게 채워지진 않는다.

'인간은 고독한 존재'라고 누군가 말하지 않았던가. 고독하게 혼자 태어나 가족을 이루고 북적대며 살았지만 결국 돌아갈 때는 다시 고독한 존재가 되는 거다. 물론 나는 글을 쓰고, 강연을 다니니까 나만 홀로 있는 시간에도 전적으로 외롭거나 허전하지만은 않다. 너무 바쁜 스케줄에 허덕일 땐 오히려 그런 시간이 정말 편안하고 소중할 때도 있긴 하다. 하지만 불쑥불쑥 찾아오는 외로움과 소외감을 이겨내는 건 이 나이가 되어도 여전히 낯설기만 하다.

삶을 살아가며 우리에게 위안이 되는 것은 결국 이웃이다. 그리고 친구다. 이웃과 친구가 나를 돌볼 수 있고, 그들과의 대화와 소통을 통해 외로움을 달랠 수 있으며, 힘을 얻고 우울함을 이겨낼 수 있다.

한번은 오래도록 어지럼증에 시달린 적이 있었다. 아내도 외국에 가 있고 혼자 끙끙 앓고 있었다. 그때 나를 찾아와 병원에 데려가 준 사람은 바로 이웃에 사는 강 시인이었다. 그는 나를 부축해 병원에 데려가고 약을 타다 주었으며, 죽을 끓여주기도 했다. 그의 살가움 덕분에 빨리 회복할 수 있었다. 피붙이 가족은 아니지만 그 사람이야말로 그런 순간엔 가족이나 다름없다.

시대가 많이 변했다. 전통적인 가족의 개념도 변하고 있다.

이럴 때 가장 현명한 우리의 대처 방식은 가족의 외연을 확장하는 것이다. 가까운 곳에 살면서 챙겨주거나 소식을 물어봐주는 이웃과 친구들이 많아야 한다.

그러면 학교에서 어려운 일이 있을 때 선생님에게, 혹은 지혜로운 친구에게 도움을 청하기도 쉽다. 그들이 곧 새로운 개념의 가족이다. 교회나 성당에서 만나는 이웃과 지역사회 안에서 인사하며 지내는 그들도 가족이나 다름없다. 해체되는 가족의 대안은 그것밖에 없다. 일본의 경우, 고독사를 방지하려고 이웃이 주기적으로 독거노인을 방문하고 보살핀다고 하지 않는가.

그렇게 해도 해결되지 않는 존재론적인 우울함은 어쩔 것인가? 완전히 없애기가 불가능한 감정, 그것은 절대자에게 귀의하는 것뿐이다. 인간은 한없이 미약한 존재이고, 외로운 존재임을 받아들여야 한다. 그것을 받아들인 뒤에 나의 근본적인 모습을 만나야 할 것이다.

내가 아이들에게 추천하곤 하는 《리디아의 정원》이라는 동화의 주인공 리디아는 가난한 집안 형편 때문에 외삼촌에게 맡겨지면서 가족의 해체를 경험한다. 하지만 리디아는 새로운 가족에 성공적으로 적응하고 도심 속 정원이라는 멋진 선물을 한다. 자신이 할 수 있는 최선의 실력과 지식으로 고독과 외로움을 극복한다.

나는 누구인가, 어디에서 와서 어디로 가는가, 과연 이 땅에 와서 그 배움의 의무와 사명을 다했는가를 생각해보아야 한다. 그리고 이 땅을 떠날 때 이곳에 뭔가를 선물로 남기고 가고자 하는 것, 그것이 해체되어 가는 가족 제도하에서 우리가 얻을 수 있는 삶의 의미이다.

오늘부터라도 주변을 살피고, 아직 인사를 나눈 적 없었던 옆집에 용기를 내서 먹을 거라도 건네 보자. 먼저 용기를 내면 분명 그들도 기다렸다는 듯 반응을 해올 것이다. 인간은 누구나 친교에 목말라 있다. 크게 보면 하느님의 자녀로서 우리 모두가 피붙이이며 한 가족이기 때문이다.

외로움을 이기는 것, 그것은 절대 쉬운 일이 아니다.

책 쓰는 게
그리 쉬운가

"고 작가님, 저도 작가입니다. 제 책 좀 읽어보세요."

우리나라에서 가장 많은 책(290여 권)을 발간한 탓에 가끔 봉변을 당한다. 강연을 가거나 사람들을 만나면 이처럼 누군가 다가와 당당하게, 혹은 소심하게 뭔가를 내밀 때가 있다. 무엇인가 싶어서 살펴보면 그건 바로 자신이 썼다는 책이다. 십중팔구는 이름도 알 수 없는 출판사에서 적당히 제목을 붙여 만들어낸 저술일 경우가 많다. 제목도 대개 이런 식이다.

성공 어렵지 않아요

하루에 하나씩 습관을 고치자

나누는 삶 행복한 삶

인생 성공, 바라봄의 법칙

느슨한 연결이 성공을 부른다

그래도 돈 들여 만든 물건이니 정중하게 받아든다. 이 책만 읽으면 성공과 행복이 코앞에 있어 보인다. 펼쳐보면 화려한 필자의 약력과 스튜디오에서 찍은 근엄한 얼굴 표정이 드러난다. 게다가 작가 소개는 어찌 그리 잡다한지, 이름도 알 수 없는 동네의 방범자치위원회의 회장도 아니고 위원이거나, 무슨 단체의 감사나 고문은 또 왜 그리 많은가.

어디 그뿐인가. 책의 목차와 내용을 훑어보면 더는 책장을 넘기기 괴롭다. 자화자찬(自畵自讚)에 견강부회(牽强附會). 자신이 이렇게 잘났다고 여러 번 반복해서 알리지만, 그가 이루었다는 업적이나 드러내는 자랑은 구우일모(九牛一毛)다. 그 사람이 지역사회를 얼마나 바꿨고 어떤 큰 업적을 남겼는지는 알 길이 없다. 그저 자신을 남들에게 알리고 싶은 어떤 의도와 장삿속을 분칠해서 꾸며놓은 것에 불과하다.

글은 제대로 썼는가 싶어서 살펴보면 기가 차다. 이곳저곳에서 좋은 구절만 모아다 짜깁기 해 자신의 자서전입네, 자신의 저술입네 하면서 들이댄다.

함께 가면 멀리 간다

속도가 아니라 방향이다

소통이 없으면 고통이 따른다

여기저기서 들은 좋은 이야기들을 마치 자신의 생각인 양 구구절절 늘어놓았다. 그러면서 그는 한마디 더한다. 꼭 읽어서 의견을 달라고. 대놓고 면박을 줄 수는 없어서 소중히 읽어보겠노라고 한다. 그러면 그는 그곳에 또 자신의 서명까지 멋지게 해보인다. 얼마나 성스러운 의식처럼 그 일을 하는지 모른다. 때로는 도장까지 정성스레 찍는 사람도 있다.

그 모습을 처음부터 지켜보고 있노라면 심히 괴롭다. 책을 낸 것이 무슨 자랑이라고 저리 당당하게 마치 고급 명함인 양 내미는 걸까. 되지도 않은 책에 대한 자랑과 너스레를 들으며 마주하고 있노라면 등골에서 식은땀이 흘러내린다. 글밭을 일궈먹고 사는 나로서는 영업 수단으로, 홍보 수단으로, 혹은 과시의 수단으로 만든 이런 천박한 책을 볼 때마다 그걸 만드느라 베어낸 나무에게 심히 미안해진다.

나 역시 크게 다를 바 없는 사람일지도 모르지만, 최소한 나는 저들처럼 자신을 꾸미는 명함으로 책을 만들어내진 않았다. 책은 나의 업이요, 삶이요, 가족을 먹여 살리는 경제 수단이요, 세상에 조금이라도 선한 영향력을 끼치기 위한 몸부림이었다.

집에 가져와 그들이 준 책을 읽어보면 형편 무인지경이다. 이걸 어찌 처리해야 할지 몰라 난감하다. 바로 내다 버리자니 책을 준 사람의 성의가 마음 쓰이고, 서가에 꽂자니 빈틈이 보이질 않는다.

무엇이든 처음 하려면 잘하는 사람의 조언과 코칭을 받는 것이 정석이다. 그들에게 부탁 좀 하고 싶다. 제발 책을 내는 과정에서 제대로 준비하고 제대로 만들라고. 전문가의 조언도 받고, 또한 가능하면 글쓰기 지도를 받아서 한 자 한 자, 직접 써내려가라고. 그리하여 필요한 책이 되게끔 기획해서 정성껏 만들어야 한다. 정말 이 세상에 도움이 될 만하게, 나무 몇백 그루를 베어낸 미안함이 조금이라고 덜어지는 책이 나왔으면 좋겠다.

사람들은 새로운 것을 배우려 할 때 좋은 코치를 찾고, 강의에 등록하고, 필요한 복장이나 도구를 장만하면서 각오를 다진다. 학습, 운동, 예술 등 별별 것을 다 선생님을 찾아 지도받고 배우면서, 왜 글 쓰고 책 내는 것은 이리도 가볍게 여긴단 말인가!

늦은 나이에 작가가 되겠다고 노력하는 사람들의 꿈을 무시하는 게 아니다. 꿈을 꾼다면 차근차근 노력해야 하고 그 책이 나의 자랑이 아니라 이 세상에서 어떠한 역할로 쓰임받기에 부족함 없는 그런 의미있는 도구여야 한다는 거다.

내가 가장 많이 듣는 말이 "나도 책이나 하나 써서 베스트셀러 만들어볼까?"이다. 아, 나도 그렇게 베스트셀러가 팡팡 터졌으면 좋겠다.

"동화 하나 쓱쓱 써서 돈 좀 벌어볼까?" 그렇게 쓱쓱 동화가 써지면 참 좋겠다.

왜 그리 남이 하는 일은 쉬워 보일까?

복을 비는
기도 그만하리라

나는 소아마비 지체장애로 척추가 휘어 있다. 오래 앉아 있으면 측만증으로 인한 통증이 심해져 자세를 계속 바꾸거나 스트레칭을 해야 한다. 물론 누울 때가 가장 편하다.

그런 나에게 미국 시카고의 한 교회에서 강연 요청이 들어왔다. 작은 북카페를 만들었으니 와서 개관 기념 특강을 해달라는 거다. 모처럼의 해외 강연이라 가슴이 설레었다.

하지만 이내 떠오르는 생각은 시카고까지의 길고 긴 비행시간이었다. 엄두가 나질 않았다. 그 비좁은 자리에서 굽은 허리로 열세 시간을 버텨야 하다니. 비장애인들도 쉽게 견디기 힘든 일인데, 고통의 여행이 될 게 뻔했다. 어쩌면 좋을까 싶었다.

전전긍긍하고 있는데 어느새 표까지 오고 말았다. 꼼짝없이 가야 하게 되었다. 그나마 다행인 건, 장애인에게 항공사는 가급적 맨 앞좌석을 지정해준다. 조금이라도 넓은 좌석을 배려해준다는 뜻이다.

출국하기 전 나는 기도를 했다. 편하게 갈 수 있게 도와달라는 간절한 기도였다. 최소한 옆자리에 사람이 앉지 않게 해주길 바랐다. 옆자리가 비면 옹색하게나마 모로 누워서 갈 수 있는데, 그럼 조금이라도 피로가 덜하다. 정말 여행은 즐겁지만 가는 여정은 쉽지 않다는 모순됨을 다시금 느꼈다.

그런데 이게 웬일! 공항에 도착해 자리를 배정받았는데 문제가 발생했다. 교회 측에서 티켓 구매 시 내가 장애인이라는 사실을 미리 말하지 않았던 거였다. 30번대의 비좁은 뒤쪽 자리가 배정된 것이 아닌가! 낭패였다.

간신히 마음을 다잡았다. 혹시 옆자리를 비워줄 수 있느냐고 카운터의 여직원에게 물었다. 그런데 엎친 데 덮친다더니……애석하게도 비행기는 만석이었다. 오 마이 갓! 얍삽하게 나의 편안함, 안락함을 기도한 것이 말짱 도로아미타불이 되었다.

길고 긴 여행길이 시작부터 이렇다 보니 고생을 각오했다. 모든 걸 내려놓았다. 하느님도 너무하시다는 원망이 고개를 들었지만, 동시에 반성도 했다. 평소에 기도도 별로 열심히 하지 않았던 내가 아닌가. 비행기 타고 갈 때가 되니까 간절하게 요행과 복을 비는 건 뭐였나 싶었다. 부끄러운 마음을 간신히 놓아 보냈다. 그러자 조금 마음이 편안해졌다.

기내에는 싱가폴, 말레이시아, 중국 등지에서 온 승객들이 가득했다. 동북아시아의 허브공항인 인천공항에서 한 비행기에 모두 섞여 탄 거였다. 정말 빈자리가 하나도 보이질 않았다. 나는 장기전에 돌입하려고 의자를 뒤로 젖혔다. 그런데 이게 무슨 일이야! 의자가 뒤로 젖혀졌다가 바로 원상복구가 되어버리는 것이 아닌가. 몸에 힘을 주어 뒤로 버텨보려 했지만 견딜 수가 없었다.

출발한지 두어 시간 만에 승무원에게 이 사실을 알렸다. 의자를 고쳐보려고 애쓰던 사무장이 고개를 저었다. 다른 자리로 옮겨주겠다고 했다. 만석이라더니 비상용으로 자리를 비워놓은 곳이 있다는 거였다. 작은 기내 휠체어를 타고 이동해보니 놀랍게도 연이은 좌석 세 개가 주인 없이 날 기다리고 있었다. 정말 보고도 믿기 어렵게 통째로 좌석이 비어 있었다. 승무원이 마음껏 누워 가란다. 할렐루야!

덕분에 나는 가는 여정 내내 누웠다가, 잠들었다가 하며 아주 편안한 시간을 보냈다. 영화도 두 편이나 보았다. 콧노래가 스멀스멀 나오니 이보다 기분 좋은 여행이 언제 있었던가 싶었다. 하느님 감사합니다. 참으로 간사하게 나는 감사 기도를 올리고 있었다. 이렇게 편안하게 가다니.

무사히 미국에서의 일정을 마치고 귀국하는 날 시카고 오헤어 공항에 도착했다. 이번엔 좌석 문제 따위로 복을 비는 기도는 하지 않기로 했다. 알아서 다 해주시든지 말든지 하늘의 처분에 맡긴다는 생각뿐이었다. 그저 무사히 여행을 마치고 귀국하는 것만으로도 흡족해 감사 기도를 올렸다. 그동안 복을 바라며 기도하던 나 자신이 얼마나 초라해 보이던지.

그런데 비행기에 오르자 이게 또 무슨 일인지! 300명이 넘게 타는 커다란 비행기에 승객이 고작 100여 명뿐이었다. 모든 승객이 각각 세 자리씩 차지하고 누워 잠을 청했다. 돌아오는 길 역시 아주 편안했다.

우리에게 닥치는 모든 상황은 그것이 쉬운 일이건 어려운 일이건 그저 내 몫이다. 그저 참고 견디면 될 일이다. 그러다 보면 이렇게 생각지도 못한 좋은 일을 가끔은 만나기도 하는 법이니까.

'쓸모없는 인간'은 없어

: 걱정마, 자신감을 빌려줄게

학교가
자랑하는 사람

~~~~~~~~~~~~~~~~~~~~~~~~~~~~~~~~

"수고 많이 하셨습니다."

사진기자가 인사를 마치고 내 작업실을 빠져나갔다. 모교에서 학교 홍보물을 만든다는데, 학교가 가장 자랑하는 선배를 소개한다면서 나를 만나러 온 것이다.

40년 전 고교 졸업 무렵, 의사를 꿈꾸며 이공계 공부를 했던 나는 장애가 있다는 이유로 모든 대학에서 입학이 거부되었다. 의사나 엔지니어의 꿈을 이룰 수 없게 된 나는 쓸모없는 장애인이 될 것 같은 불길한 예감이 들었다. 그때 나를 구원해 준 것이 헬렌켈러의 명언이었다.

"신은 인간이 문을 닫으면 창문을 열어 주신다."

문과로 방향을 전환하는 것은 필연적인 선택이었다. 부랴부랴 들어간 대학이 성균관대학교 국어국문학과. 당시 성균관대학교는 후기 대학으로, 1차 시험에서 떨어진 패잔병들의 집합소 같은 분위기였다. 더 좋은 대학으로 간다며 한 명 두 명, 신입생들이 학기 중에 학교를 그만두거나 휴학해 다음 해 입시를 준비하곤 했었다.

　나는 간신히 들어온 대학인데 친구들이 떠나는 것을 보니 혼란이 가중되었다. 나도 이곳을 떠나야 하나, 남아야 하나 망설이게 되었다. 그러다 보니 학교 수업은 내팽개치고 친구들과 몰려다니며 음주가무의 낭만을 즐겼다. 정착하지 못하는 부초 같은 삶이었다.

　1학기 성적표를 받은 뒤 비로소 나는 정신을 차렸다. 그 와중에도 열심히 공부하여 장학금을 받은 친구도 있었고, 글을 써서 여기저기에 발표하는 동기도 있었다. 나는 몇 개월 동안을 한마디로 쓸모없는 '루저(loser, 패배자)'의 삶을 살았던 것이다. 현실을 바꿀 용기도 없으면서, 그 현실을 거부하는 무용지물. 그게 바로 비겁한 나의 현주소였다.

　나는 본질적이면서 뼈아픈 질문을 자신에게 던졌다.

　"학교를 자랑하는 사람이 될 것인가, 학교가 자랑하는 사람이 될 것인가?"

　나는 학교가 자랑하는 사람이 되기로 결심했다. 원해서 들어온 것은 아니었지만 나의 모교에서 청춘을 불사르기로 자신과 약속했다. 낭비할 시간이 없었다. 일 분 일 초를 아껴 책을 읽고 작가라는 꿈을 향해 노력했다. 교양을 쌓는 데 필요한 모임이라는 모임엔 다 나갔고, 좋은 친구들을 만났고, 최대한 많은 경험을 했으며 모든 일에 적극적으로 최선을 다했다.

그 결과 박사학위를 받고 모교에서 학생들을 가르쳤으며, 작가가 되어 수백 권의 책을 발간했다. 어디 그뿐인가, 작품이 초등, 중등 교과서에 실렸고, 매년 강연을 300회 이상 다니는 보람찬 삶을 살고 있다.

원하는 것이 있고 이루고 싶은 꿈이 있다면 반드시 대가를 지불해야 한다. 피, 땀, 시간, 열정……. 그 어떤 것이든 좋다. 학교가 자랑하는 사람은 최선을 다해 노력한 사람이라는 뜻이기 때문이다.

몇 주 뒤 멋진 학교 홍보물이 나에게 배달되어 왔다. 문과대학 출신의 자랑스러운 선배로 내 사진이 실려 있었다. 그건 나와의 약속을 지킨 자의 모습이었다.

은총이는 나의 동화 《달려라 은총아》의 주인공이다. 태어날 때부터 여섯 가지 희귀병을 앓고 있는 아이. 스터지-웨버 증후군이라는 듣도 보도 못한 희귀병으로, 수술을 밥 먹듯 하며 고통을 겪는 아이다.

그런 은총이와 아빠는 철인 3종 경기를 한다. 휠체어에 앉은 은총이를 밀면서 아빠는 수영, 싸이클, 그리고 마라톤 코스를 완주한다. 혼자 뛰어도 힘든 이 경기를 은총이 아빠는 수년째 도전하고 있다. 은총이를 고쳐보려고 아빠는 다니던 직장도 관두고 이곳저곳 병원을 쫓아다녔고, 그사이 눈덩이처럼 커지는 병원비를 대느라 신용불량자마저 되었다. 그러면서도 은총이 아빠는 남을 돕는 일에 늘 앞장서며, 푸르메 어린이병원의 후원자이기도 하다.

나는 그런 은총이 부자를 동화 주인공으로 만들었다. 물론 책에서 얻은 수익의 일부를 은총이에게 나눠주려는 마음으로 그랬다. 다행히 좋은 출판사가 내 뜻에 동참해주었다. 지역난방공사에서도 관심을 보여 은총이의 이름을 걸고 열리는 철인 3종 경기도 매년 후원하고 있다. 방송에도 소개되면서, 은총이 아빠는 전국으로 강연을 다니며 기적의 삶을 이야기한다. 장애를 가진 아이 은총이가 이 땅에 한 알의 밀알이 된 것이다. 나는 무척 큰 보람을 맛보았다.

얼마 전 낯선 번호로 전화가 걸려왔다. 전화를 받고 보니 모 방송사의 작가였다. 자신들이 병원 관련 다큐멘터리를 찍고 있는데, 희귀병 환자가 위급 상황이란다. 그 아이가 걸린 병이 바로 은총이가 앓았던 스터지-웨버 증후군이었다. 내 책에서 은총이가 수술을 받아 상태가 좋아졌다는 대목을 읽었다고 했다.

나는 급박한 상황이라는 말에 얼른 서둘러 은총이 아빠에게 전화해 그 병원과 의사를 알고 싶다고 했다. 작품에서는 익명으로 처리했기 때문이다. 은총이 아빠가 기꺼이 도움을 주겠노라고 해서 나는 두 사람을 서로 연결해주었다. 나의 일은 여기에서 끝이 났다. 그 뒤로 어찌되었는지는 잘 모른다. 아마도 새로운 희망의 끈을 찾아서 그 환자는 회복의 길로 들어섰으리라 믿는다.

여기에서 나는 '책 한 권의 힘'을 생각해보았다. 내가 하는 일은 동화를 쓰는 일이다. 이 세상의 크고 거대한 일들에 비하면 아주 작고 보잘것없는 일일 수 있다. 문단에서는 소설을 쓰다 동화에 전념한다고 하면 깔보는 시선도 얼마간 있다. 고작 쓰는 글이 어린이들이 읽는 동화냐는 식이다. 그냥 쓱쓱 쉽게 쓰면 되는 거 아니냐고도 말한다.

아니, 그렇지 않다. 동화는 인간의 순수한 본성에 닿아 있는 문학 장르다. 잘 쓰기란 무척 어렵다. 그리고 동화는 미래의 주인공인 어린이들을 독자로 하기 때문에 그만이 가진 힘이 있다. 영향력 또한 참 오래 간다.

그동안 동화가 가진 힘이 크다는 걸 알고는 있었지만, 동화가 물에 빠진 자가 잡으려는 마지막 희망의 지푸라기일 수도 있다는 사실을 이번에 새롭게 알게 되었다.

어쩌면 내가 쓴 희귀병을 앓는 아이에 관한 이 동화는 이름 모를 어느 위급한 환자의 생명을 살리기 위해 오래전에 준비되었던 것이었는지도 모른다. 결과적으로 나는 알 수 없는 섭리의 도구 역할을 충실히 한 셈이다. 사소한 동화 한 구절이 오늘 누군가의 삶의 희망의 불씨가 될 수 있다. 인간들의 말과 행동과 삶도 마찬가지일 것이다.

"선생님 아파트는 몇 평이에요?"

어느 학교에서 강연을 마치니 학생 하나가 번쩍 손을 들고 내게 던진 질문이다. 순간 강당은 얼어붙는다. 교사들과 일부 철든 아이들의 얼굴이 붉어진다.

나는 강사다. 하루에도 두세 번의 강의 스케줄을 소화하며 전국을 누비고 있다. 유치원부터 대학교, 기업, 교회, 도서관, 일반 직장 등등. 내가 강연하는 곳의 영역은 다양하다. 어떨 때는 하루에 서너 번씩 장소를 바꿔가며 강연하기도 하고, 전날 부산에 갔다가 다음날엔 목포로 가는 강행군을 할 때도 있다. 심지어 해외 일정으로 강연을 가기도 한다. 그러다 보니 참 다양한 사람을 만나게 되고, 별별 질문을 다 받는다.

강연이 많아지니 강사의 역할과 의무, 강사의 사회적 기능에 대해서 진지하게 고민하게 되었다. 강사란 자신의 삶에 경험과 지식, 또는 정보를 녹여내 대중에게 널리 알리는 직업이다. 우리나라의 경우, 최근에 강연 시장이 커졌다. 이곳저곳에서 수없이 많은 강좌가 열리고 있고, 텔레비전이나 각종 사회 인기 프로그램에도 강연이 당당히 자리를 잡고 있다.

각 초·중·고 학교에서도 작가와의 만남이나 각종 교육의 명목으로 강연을 요청해온다. 나의 어린 시절과 비교해본다면 이것은 정말 놀라운 변화다. 우리는 일 년 내내 칠판 앞에서 담임선생님의 수업만 듣고 공부하며 교과서 속의 단편적인 지식들을 암기하는 데만 급급했었는데, 요즘은 좀 더 다양한 방법으로 학습할 수 있는 환경이니 말이다.

수많은 강연을 통해 사람들 앞에서 삶의 방향과 지표를 말하다 보니 가끔 나는 두려움에 떨게 된다. '나는 내가 하는 말을 책임질 수 있는 사람인가?' 하고 스스로를 돌아보게 되는 거다.

가끔 보면, 자신이 강연에서 한 말의 내용을 책임지지 못해서 불명예를 당하거나 사회적 지탄을 받는 강사들도 제법 많이 눈에 띈다. 학력을 속이거나, 일구이언하거나, 불미스러운 문제를 일으키는 사람도 적지 않다. 심지어 고난을 이기며 참고 살라고 강연하더니 자살한 사람까지……. 결국 말과 행동이 다른 삶을 보여주는 것이다.

강사라는 직업은 말로 감동을 주고, 대중의 삶에 변화를 이끌어내는 역할을 하기 때문에 그들에게 들이미는 사회적 잣대는 더욱 엄격할 수밖에 없다. 돌이켜보면 인류의 역사에서 말로 대중을 설득하고 변화를 시도했던 사람들은 여럿 있다. 예수가 그러하였고 소크라테스, 공자, 붓다가 다 그런 사람들이다. 그들이야말로 영혼을 바꾸는 강연가라 할 수 있다. 인류의 사상에 큰 영향을 미쳤다. 또한 우리의 삶도 바꾸어 놓았다. 나는 이들을 '절대 강사'라고 말한다. 그들의 권위와 인격과 삶은 그야말로 초인의 경지이고, 범인(凡人, 평범한 사람)이 상상도 할 수 없는 깨달음을 설파했다.

그들과 비교해 생각해보면, 역시 일반 강사에게 가장 조심해야 할 것이 바로 '말'이다. 쉽게 내뱉는 말은 위험하다. 그래서 나는 말과 행동이 하나로 들어맞는 '언행일치(言行一致)'가 강사의 가장 중요한 덕목이라 여긴다.

우리나라엔 오래전부터 유능한 연설가들이 많았던 것 같다. 과거 독립협회는 우리나라가 외세의 침입에 흔들리고 있을 때 정치 활동을 하나 계획했다. 그것이 바로 만민공동회다. 도시의 상인들이나 빈민, 지식인층이 개최한 만민공동회는 쉽게 설명하면 커다란 강연회이다. 누구나 무대에 올라가서 하고 싶은 이야기를 할 수 있었다.

1898년 3월 10일 종로에서 수만 명의 서울 시민이 참여하여 개최된 이 만민공동회에서는 누구나 자유롭게 자신의 정치적인 소견을 발표했다. 그 엄청난 폭발력은 훗날 민족운동으로 발전해 나갔다. 이때 무대에 올라간 강사들은 한마음으로 나라를 걱정하며 자신이 믿고 있는 바를 대중에게 토로하고, 그대로 실천한 사람들이었다. 그들이 열변을 토하는 바람에 많은 애국지사들이 탄생할 수 있었다. 역사학자인 박은식, 언론인 장지연, 독립운동가 신채호 등이 그들이다. 진정성 있는 말의 힘은 평범한 사람을 독립투사로 만들었다.

나는 오늘도 누군가에게 책임질 수 없는 말을 하고 있지는 않은가 돌아본다. 그렇게 생각하면 이 강사라는 직업이 두렵지 않을 수 없다. 인터넷과 개인 방송, SNS가 일반에게 가까워지면서 말과 글이 넘치는 세상이다. 그렇기에 더욱 입으로 뱉은 말을 실천하기 위해 노력하는 강사가 되어야 한다고 늘 다짐한다. 이것은 늘 마음으로 돌아보고, 기도하며 깨어 있어야 가능하다.

앞서 한 학생의 질문에 나는 꿈쩍도 하지 않고 능치며 대답한다.

"우리 집은 하도 넓어서 현관에서 내 서재까지 가는 데 삼박
사일이야."

강당엔 웃음보가 터진다. 웃자고 한 질문에 죽자고 덤빌 필
요는 없다. 강연을 소명으로 받은 나에게 이 정도의 유머를 재
능으로 주셔서 안심이다.

아무짝에도
쓸모없는 사람

옛날에 나에게 소설 쓰는 법을 배웠던 아주머니가 중학생인 아들을 데리고 찾아온 적이 있었다. 남편과 이혼하고 아들과 살고 있는데, 그 아들이 착하기만 했지 아무것도 할 줄 아는 게 없다고 엄마는 말했다.

그 엄마에게 아들은 큰 걱정거리였던가 보다. 다른 아이들처럼 욕심도 있고 뭔가를 하겠다고 적극적인 태도를 보여야 할 텐데, 매사에 의욕이 없고 투지도 없으며, 성적도 별로인 아이를 걱정하며 엄마는 이렇게 말했다.

"우리 아들이 이렇게 아무짝에도 쓸모없게 될 줄은 몰랐어요. 할 줄 아는 것도 없고, 의욕도 없고, 공부도 못하고, 착하기만 해가지고……."

　사실 경쟁이 심한 요즘 같은 사회에서 할 줄 아는 게 없다는 건 굉장히 불리한 일이다. 하지만 과연 할 줄 아는 게 없다고 해서 쓸모없는 사람일까? 아니, 도대체 이 세상에 쓸모가 있고 없고는 누가 정한단 말인가! 인간에겐 누구나 각자가 가진 재주가 있고, 할 수 있는 일이 있다. 그것을 이 세상의 속된 가치와 돈이 되느냐 안 되느냐를 가지고 평가할 수 있는 자격은 그 누구에게도 없다.

　중국에는 쓸모없는 사람에 대한 오래전부터 전해지는 이야기가 하나 있다. 제나라의 뛰어난 재상이었던 맹상군은 덕이 높은 사람이어서 자기를 찾아온 천하의 인재들은 얼마든지 자기 집에 머물게 해주고 밥도 먹여 주었다. 그렇다 보니 죄인도 찾아오고, 오만 세상의 해괴한 인간들이 다 찾아와, 항상 수천 명의 사람들이 그의 집에 들끓었다.

　그러던 어느 날 맹상군이 제나라 왕의 사신으로 당시에 강대국인 진나라로 가게 되었다. 진나라에 갔다가 잘못하면 살아 돌아오기 힘든 그러한 불안한 상황이었는데, 그때 맹상군을 따라간 사신 중에 식객 두 사람이 끼어 있었다. 한 사람은 개 흉내를 잘 내는 도적이었고, 또 한 사람은 닭 우는 소리를 잘 냈다.

맹상군은 희귀한 보물인 여우 겨드랑이털로 만든 옷을 진나라에 선물로 바쳤다. 진나라의 소왕은 맹상군을 만나고 나서 뛰어난 사람임을 알아보고 그를 돌려보내지 않기로 결심하곤 옥에 가두었다.

맹상군은 진나라의 소왕이 고향으로 보내주지 않자 빠져나갈 방법을 이리저리 고민했다. 그런데 아무리 머리를 굴려보아도 왕의 애첩에게 부탁해서 풀려나는 수밖에 방법이 없었다. 왕의 애첩은 그 대가로 자기에게도 여우 겨드랑이털로 만든 옷을 달라고 하였다. 하지만 여우의 겨드랑이털은 한 줌도 안 되기 때문에, 그것을 이어서 옷 한 벌을 만들려면 여우 수천 마리가 필요한 매우 귀한 옷이기에 그 조건을 들어줄 수가 없었다.

맹상군이 이러한 곤경에 처한 것을 보고 한때 도둑이었던 식객이 나서서 이미 왕에게 바친 그 옷을 자신이 훔쳐오겠다고 말했다. 그는 왕궁으로 들어가 성공적으로 털옷을 훔쳐왔다. 덕분에 맹상군은 그것을 왕의 애첩에게 다시 바칠 수 있었다. 왕의 애첩은 약속한 대로 왕에게 찾아가서 맹상군을 풀어달라고 간청했다. 결국 왕은 애첩의 홀림에 빠져서 맹상군을 풀어주게 되었다.

맹상군 일행은 왕의 마음이 변하기 전에 빨리 도망치려고 위조한 통행증을 가지고 밤새 달려서 함곡관에 도착하였다. 이제 함곡관만 빠져나가면 진나라에서도 쫓아올 수 없는 다른 나라였다. 하지만 문을 열어달라고 아무리 말해도 함곡관의 병사들은 문을 열지 않았다. 모든 관문은 새벽닭이 울어야 열게 되어 있었던 것이다.

그때 언덕 너머로 맹상군이 도망친 것을 알고 바짝 쫓아오는 추격군의 불빛이 보였다. 다급한 상황에 식객 중 한 사람이 닭 우는 소리를 내기 시작했다. 너무도 똑같은 소리에 다른 닭들도 덩달아 새벽이 왔나 하고 사방에서 울어대기 시작했다. 그러자 병사들이 관문을 열었다. 추격자들은 바짝 쫓아왔지만 이미 함곡관을 빠져나간 후였다. 맹상군은 남들이 보기엔 아무 쓸모없어 보이는 사람들 덕분에 죽음 직전에서 생명을 지켰다.

이처럼 세상에는 쓸모없는 사람이란 하나도 없다. 쓸모없는 경험도 없고, 쓸모없는 지식도 없다. 누구든 쓸모없는 인간이라는 생각이 들 때면 이 오래전 이야기를 통해서 위안을 받았으면 좋겠다.

나 자신은 항상 존귀하고 귀한 사람이라는 걸 잊지 말자. 공부를 잘하건 못하건, 돈이 많건 없건, 키가 크건 작건, 얼굴이 잘 생겼건 못생겼건, 그건 쓸모의 중요한 기준이 될 수 없다.

엄마와 함께 나를 찾아온 그 중학생 아이와 대화하다 보니 그 아이가 돌멩이 모으는 것을 좋아한다는 걸 알게 되었다. 그래서 나는 그 취미를 격려해주었다. 수석(실내에서 보고 즐기는 관상용의 자연석)을 잘 수집하고, 수석의 가치를 잘 볼 줄 아는 안목을 가지면 전문 수집가가 될 수 있고, 그걸 통해서 예술가가 될 수도 있다고 말해주었다.

"만일 네가 이 세상에서 사라진다고 상상해보자. 주변 사람들이 모두 아무 일도 없다는 듯 자기 생활을 할 수 있을까? 아니, 그렇지 않을 거야. 아마도 너희 부모님, 형제들, 친구들, 그 밖에 너를 아는 수많은 사람들이 슬퍼하겠지. 그 사실만으로도 너는 소중한 존재란다."

그 아이는 여태껏 그렇게는 생각해보지 못했다고 말했다. '쓸모'라는 건 사람을 너무 기능 위주로 본 시각이다. 그리고 객관적인 근거도 댈 수 없다. 사람에겐 누구나 때가 있고, 세상을 이롭게 할 기회가 나에게 없으라는 법도 없다. 지금 당장엔 별로 잘하는 게 없어 보여도 나만의 취미와 능력을 개발하면 맘껏 그 능력을 발휘할 기회가 언젠가는 찾아온다.

나의 격려에 힘을 얻고 돌아가는 그들 모자의 모습을 보면서 마음이 흐뭇해졌다.

너그럽게
용서하는 마음

청소년기엔 참 많은 실수를 한다. 아직 어리고 판단력이 미숙할 뿐만 아니라 자신의 행동을 제어할 수 있는 이성의 힘이 약하기 때문이다. 그러니 실수는 당연한 거다.

어른들은 그러한 점을 알고 인정하면서도 막상 눈앞에 그러한 상황이 닥치면 야단을 치거나 혼을 내곤 한다. 나 역시도 우리 아이들이 자랄 때, 실수하면 지적하고 야단을 치거나 타이르는 식으로 어떻게든 같은 실수를 반복하지 않게 하려고 애를 썼던 기억이 난다.

왜냐하면 실수를 통해 배우는 건 꼭 필요하기 때문이다. 그러니 실수를 너그럽게 받아들여 주는 것도 좋겠지만, 거기에서

멈추면 안 된다. 같은 실수를 반복하지 않게 하는 것이 정말 중요하다. 실수나 실패가 자아의 발전과 성취에 도움이 안 된다면 아무 소용이 없는 거다.

환갑이 다 된 나는 지금도 실수를 한다. 가장 많은 실수가 강연과 관련된 것이다. 어쩌다 한번 강연을 하는 거라면 실수를 크게 할 일이 없는데, 이것이 많아져 거의 매일 두 개, 세 개씩 일정이 잡히다 보니 허점이 생기는 거다.

한번은 강연을 마치고 그다음 날 아침까지 푹 쉬고 있었다.

'오늘은 강연이 없는 날이군. 아주 좋아.'

이렇게 생각하며 느긋하게 아침 8시 30분쯤에 일어나 신문을 보는데, 전화가 걸려왔다.

"선생님, 아이들 다 모여 있는데 왜 안 오세요?"

담당 선생님의 말씀에 뒷골이 서늘해지며 머리가 쭈뼛 서는 기분이 들었다.

"무, 무슨 말씀이세요?"

"인천에 있는 ○○학교예요. 아이들이 지금 선생님을 기다리고 있어요."

재빨리 다이어리를 보았다. 분명히 그날 아침 9시부터 인천에서 강연이 있다고 적혀 있는 게 아닌가. 깜짝 놀란 나는 잠시 당황했지만, 선생님에게 솔직히 말했다.

"선생님, 제가 실수로 늦잠을 잤습니다. 이제라도 달려가면 어떨까요?”

당황한 선생님은 이러지도 저러지도 못하는 듯했다. 학교에 도착할 때까지 나의 강연 동영상을 틀어 주고, 내가 너무 피곤해서 늦었다고 아이들에게 이야기해달라고 부탁한 뒤 서둘러 준비하기 시작했다. 세수도 하지 않고 부랴부랴 대충 옷을 갈아입고서 인천으로 차를 움직였다. 학교에 도착해 보니 약속 시각보다 1시간 30분이나 늦었는데, 아이들은 강당에서 기다리고 있었다. 미안하다고 몇 번이나 사과하고 강연을 마친 뒤 선생님에게 강사료는 받지 않겠다고 했다. 선생님은 웃으며 말했다.

“작가님도 실수하시네요.”

“아, 그럼요. 저는 많이 부족한 인간입니다. 용서해주세요.”

“용서는요, 그럴 수도 있지요.”

그 일이 있고 난 뒤에 곰곰이 생각해보았다. 왜 나는 수첩에 일정을 분명히 적어 놓고도 그날 당연히 강연이 없다고 생각했을까? 마치 두뇌가 매일 이어지는 강연 때문에 피곤함을 느끼고 일부러 몸을 보호하기 위해 강연이 없다고 나를 속인 것만 같았다. 이유가 어찌 되었건 강사로서, 작가로서, 성인으로서 결코 있어서는 안 되는 실수였다. 그래서 그 뒤로는 강연하기 하루 전날 꼭 확인 전화를 하게 되었다. 그렇게 하니 두 번 다시 같은 실수를 저지르지 않는다.

또 다른 강연 실수도 있었다. 가끔 가까운 지역에 서로 다른 학교인데 학교명이 비슷한 경우가 있다. 그날은 일찍 학교에 가서 강연 시간이 되기를 차에서 기다리고 있었다. 그런데 이상하게 학교는 강연 수업이 있는 분위기가 아니었다. 혹시나 해서 전화를 걸어 보니 이름 한 글자를 잘못 알아서 동원초등학교인데 동현초등학교로 간 거였다. 헐레벌떡 다시 또 차를 몰고 달려가는 상황이 벌어졌다. 그 뒤로는 강연 갈 학교 이름을 꼭 인터넷에서 찾아보고 내비게이션에 전날 미리 입력해놓는다. 그렇게 하다 보니 요즘은 강연과 관련된 실수를 거의 하지 않는다. 실수를 통해 배웠기 때문이다.

후배 강사들이 멘토링을 부탁하면 나의 실수 경험을 이야기해준다. 같은 실수를 반복하지 않게 해주기 위해서다. 그래서인지 사람들은 내가 지혜롭게 강연을 준비하고 약속을 잘 지키며 철저하게 준비해온다는 식으로 소문을 내주었다. 내가 원래부터 그렇게 완벽한 사람이 아니었고, 성격이 치밀한 사람이 아니었는데도 실수를 반복하지 않으려 노력하다 보니 그렇게 된 것이다.

삶의 지혜는 위기의 순간에 발휘되는 법이다. 실수는 위기를 만들어내지만, 그것을 지혜롭게 수습하고 실수를 용서받는 것이 중요하다. 학교 선생님들이 그런 나의 실수를 미워하지 않고 용서해주었기에 나는 지금도 전국의 학교에서 와달라고 부르는 인기 강사가 될 수 있었다.

  실수했을 때 너그러이 받아들여 주고 감싸주는 마음은 우리 사회를 좀 더 살기 좋은 곳으로 만들어준다. 또한 각자 다른 능력을 갖춘 사람들이 이 세상에 어우러져 함께 행복하게 살 수 있게 되는 출발점이기도 하다.

외모는
껍데기에 불과하다

나는 청년 시절 길거리를 걷다가 쇼윈도를 만나면 일부러 외면하곤 했다. 목발을 짚고 걸어가는 나의 모습 때문이었다. 나는 언제나 스스로를 이 사회의 당당한 구성원이고 누구에게도 굴할 바 없는 사람이라고 생각하지만, 쇼윈도 앞을 지나갈 때면 그런 생각이 무참히 깨지곤 했다. '아, 저런 모습이 나의 모습이구나. 사람들이 나를 저렇게 보는구나!' 하는 마음이 들 정도로 당시 외모가 형편없었다. 목발을 짚고 섰지만 다리는 자라지 못해 짧고 힘없이 흐느적거렸다. 어깨와 상체는 발달했지만 그런 형태로 뒤척뒤척 걸어가는 모습이 바로 나였던 거다.

하지만 그런 모습 때문에 비감에 빠지지는 않았다. 그것은 내가 어찌할 수 있는 것이 아니었기 때문이다. 외모로 상처받지 않을 만큼 나는 자신을 고귀하고 소중하게 생각했다.

요즘은 '외모의 시대'라고 한다. 연예인들은 원래 얼굴이 예쁜데도 더 예뻐지려고 성형수술을 하고, 헬스클럽을 다니며 몸매를 가꾼다. 어린 학생들 사이에서도 그런 모습이 자연스레 학습되어 성장기엔 잘 먹어야 하는데 다이어트를 하거나 어른들처럼 화장을 한다.

물건을 사더라도 고운 것을 고르는 것이 사람들의 본성이다. '잘생긴 사람들이 성격도 좋다'는 둥, '예뻐서 용서가 된다'는 둥의 말들은 사실 옳은 말이 아닌데도 많은 사람이 사용하는 것을 볼 수 있다.

하지만 정말 중요한 것은 외모가 아니라 그 사람의 됨됨이와 마음가짐이다. 외모가 부족한 부분이 있고, 키가 작거나 아니면 크거나, 말랐거나 뚱뚱하거나, 얼굴이 어떻게 생겼는가 하는 모든 것들은 평가의 기준이 아니라 각자의 개성이고 다양성이다. 그리고 이 세상을 구성하는 기본적인 원리다.

어느 누구 하나 똑같은 얼굴을 가진 사람이 없는 이 세상에서 잘생긴 사람에게 피해의식을 느끼거나, 못난 외모 때문에 마음에 상처를 입을 필요가 전혀 없다. 우리는 하늘이 주신 대로 감사하며 살 뿐이고, 정말 중요한 것은 삶의 자세이다. 무언가를 이루고자 애쓰는 노력, 타인을 향한 마음 씀씀이, 성실하게 맡은 사명을 감당하는 등등.

채규철이라는 청년은 정말 훤칠하게 잘생긴 사람이었다. 그는 국비 장학생으로 뽑혀 덴마크로 유학도 갔다 왔다. 그는 부산에서 장기려 박사와 함께 청십자의료보험조합을 만들었고 사회봉사 활동을 시작했다. 주로 농촌운동이었다.

1968년 10월 30일, 김해평야에서 차를 타고 부산으로 가던 채규철은 운명적인 사건을 맞고 말았다. 과속으로 달리던 차가 언덕 아래로 구르는 바람에 사고가 난 거다. 차에는 채규철이 운영하는 영아원에 페인트칠할 때 사용하려고 사둔 시너통이 두 통이나 있었다.

불길은 순식간에 차를 덮쳤고, 온몸에 불이 붙은 그는 차에서 겨우 탈출했다. 지나가는 차의 도움으로 서둘러 병원으로 이동했지만, 가는 동안에 이미 그의 눈은 화상을 입어 실명하고 말았다. 부랴부랴 병원에 도착해 중환자실로 옮겨졌는데, 이미 눈물샘이 타서 말라버려 눈물도 나지 않는 상태였고, 온몸에도 치명적인 화상을 입었다.

수개월 동안 여러 번 조금씩 피부를 이식하는 수술을 통해 그나마 사람의 얼굴을 갖춰나갔다. 녹아버린 오른쪽 눈에는 의안을 삽입했고, 눈썹도 다른 곳의 털들을 뽑아서 옮겨 심어 만들었다. 하지만 얼굴 이곳저곳엔 온통 울긋불긋한 흉터 자국이 남았고 손도 일그러져 흉한 모습이 되었다.

하지만 그는 결코 좌절하지 않았다. 그가 사람을 만나러 다방 같은 곳에 가면 주인이 거지인 줄 알고 동전을 주면서 쫓아내려 한 적도 있었는데, 그럴 때면 그는 동전을 받아들고 다방 안으로 들어가 손님을 만나곤 했다고 한다.

그는 몸이 회복되자 헌십자운동을 계속했고, 뇌전증 환자 모임도 만들었다. 이렇게 미친 듯이 일하며 당당하게 행동했지만, 순간순간 마음이 약해질 때면 화가 나지 않았을 리가 없다. 그는 변해버린 외모와 운명이 저주스러워서 화도 내고 술주정도 하고 자살 시도도 했었다고 한다.

하지만 언제나 그렇듯, 다시 일어나 삶을 열심히 꾸려나갔다. 1986년엔 경기도 가평에 '두밀리 자연학교'를 만들었다. 반딧불이가 날아다니는 자연 속에서 아이들이 뛰놀며 공부하고 자연의 아름다움을 배우는 학교다.

여기서 그의 별명은 '이티(ET) 할아버지'다. 외계인 이티처럼 생겼다는 뜻이기도 하지만 '이미 타버린 사람'이라는 뜻이기도 하단다. 그는 두밀리 자연학교를 통해 사회를 위해 봉사하는 일들이 얼마나 소중한지도 아이들에게 가르쳤다.

몇 평의 아파트에 사느냐, 얼마나 좋은 차를 타느냐, 얼마나 잘생겼는가는 결코 중요한 것이 아니다. 몸에 걸친 옷으로 사람의 가치를 판단해서는 안 된다. 채규철 선생님은 흉측한 겉

모양을 세상에 드러내면서 마음속엔 깊고 숭고한 봉사의 정신을 가득 담고 살아온 사람이다.

세계대제국을 건설한 나폴레옹은 키가 150센티미터가 조금 넘는 작은 사람이었다. 작은 체구 때문에 열등감 덩어리였던 그는 동료들이 데이트하러 나갈 때면 혼자 도서관에 틀어박혀서 공부하고 책을 읽었다고 한다. 그러한 노력 덕분에 결국 세계제국을 호령하는 황제가 되었다.

채규철 선생님과 나폴레옹을 통해서 알 수 있듯이 부족한 외모, 건강하지 못한 신체, 감추고 싶은 부분들은 오히려 나를 더욱 성장시키고 강하게 만들어주는 원동력이 될 수도 있다.

정말 비겁한 사람은 노력도 해보지 않고 세상 탓, 남 탓만 하는 사람이다. 그런 비관적인 모습이 습관으로 굳어지면 점점 더 나쁜 생각만 하게 된다.

마음을 굳게 먹고 내가 가고자 하는 길, 하고자 하는 일에 최선을 다해보자. 외모는 껍데기에 불과하다.

굽은 소나무가
선산을 지킨다

2008년 화재로 불타버린 숭례문(남대문)의 보수 공사를 위해 필요한 금강송이 강원도의 준경묘에서 베어져 나가는 것을 텔레비전으로 본 적이 있다. 잘생기고 푸른 소나무가 결국 숭례문을 위해서 잘려 수명을 다하는 것만 보아도 "굽은 소나무가 선산 지킨다"는 오래전 어르신들의 말은 맞는 말이다.

조상들의 묘가 있는 선산 주변에 나무를 쭉 심어 놓으면 잘생긴 나무들은 그 나름의 쓸모가 있어서 다 잘려 나가고, 결국 굽고 못생긴 쓸모없는 나무들만 그 자리에 남는다. 이 나무들은 오랫동안 그 자리에서 선산을 지키게 되는데, 즉 보잘것없고 무능해 보이는 존재가 오히려 큰일을 해낸다는 의미다.

사람들은 각자 개성을 가지고 있지만, 우리 사회는 그중에서도 성적이 우수한 사람, 능력 있는 사람을 위주로 선발해 그들이 이 사회를 이끄는 리더가 되게끔 한다. 그럼 나머지 사람들은 역할이 없느냐 하면, 그렇지는 않다.

과거 내가 대학원에 다닐 때의 일이다. 그때는 정초에 교수님 댁을 찾아가 세배하는 문화가 있었다. 1월 1일에 동기들과 팀을 이루어 교수님 댁을 이집 저집 다니면서 인사도 하고 선물도 드리고 음식도 얻어먹는 아름다운 풍속이었다.

한번은 원로 교수님 댁에 찾아갔는데 먼저 오신 선배들이 세배를 하고 있는 것이 아닌가. 우리 후배들은 합석하여 이런 저런 이야기를 나누고 곧바로 다음 행선지로 가려 했는데, 우연히도 광명에 사시는 또 다른 원로 교수님 댁을 선배가 함께 간다는 거였다. 우리는 같이 차를 타고 움직이기로 하였다.

후배들은 교수님 댁에서 세배하고 나온 나를 업어 주차한 자동차로 향했다. 누가 운전할까 궁금해하던 선배는 내가 운전석에 앉자 매우 당황하는 얼굴이었다. 장애인이 운전하는 걸 처음 본 것이다. 옆에 있던 눈치 빠른 후배가 말했다.

"선배님 운전 잘하니까 걱정하지 마세요."

차에서 내릴 때 선배의 얼굴 표정은 아까와는 완전히 달라져 있었다. 그것은 장애인도 운전할 수 있다는 걸 알게 된 새로운 깨달음의 얼굴이기도 했다. 가장 운전하지 않을 것 같은 사람이 운전석에 앉으니 충격이 컸으리라.

그때 나에게 자동차는 사치품이 아니라 발과 같았다. 지금도 가끔 그때 생각을 하면 내가 차를 운전하고 다니는 건 장애인에 대한 인식 개선을 널리 알리는 홍보 역할도 된다는 생각이 든다.

이와 비슷한 경험은 정말 많다. 나는 고등학교 3학년 반창회를 40년간 이끌고 있다. 학교 다닐 땐 반장도 아니었고 리더도 아니었는데, 사회에 나온 뒤로 그때의 친구들이 그립고 좋았다. 그 친구들이 도와주고 업어준 덕에 학교를 무사히 다녔기 때문이다. 그 일을 감사하는 뜻에서 친구들에게 연락하고 모임을 주선하는 건 내가 맡아서 하게 되었다. 그게 무려 40년 넘게 이어지고 있다.

내 나이대에 고등학교 3학년 때의 친구들을 지금까지 정기적으로 만나는 경우는 거의 없을 거다. 그러나 우리 반은 담임 선생님을 모시고 식사도 하고 소식도 주고받는다. 물론 경조사가 있을 땐 얼굴을 내밀고 서로서로 축하해준다.

내 입으로 말하기는 좀 쑥스럽지만, 내가 아니었다면 우리 친구들의 모임은 이렇게 오래 지속될 수 없었을 거다. 장애를 가지고 있고, 가장 미약하게 보이는 내가 친구들을 이끌어서 우리 학교 동기생들 중에서 최강의 학급 모임을 만들었다. 졸업 30주년 홈커밍 데이 때도 우리 반이 주최하여 나머지 14개 반을 이끌었다. 물론 행사 추진위원장은 나였다.

그날 행사를 마치고 나는 친구들에게 "너희들이 나를 업고 도와주고 가방을 들어준 덕분에 오늘날 내가 작가가 되었다"고 감사한 뒤, 은혜를 갚기 위해 이런 일을 한다고 감격스러운 인사를 했던 기억이 난다.

나는 그저 굽은 소나무였는데, 친구들을 좋아하고 그들과 함께 오래도록 보고 싶어서 나의 시간을 조금 할애했을 뿐인데 모두에게 이로운 모임을 주도하게 된 것이다. 그것이 나의 자존감을 올리고 삶을 즐겁게 하니, 어찌 즐겁지 아니한가!